医药科普丛书

一本书读懂孩子的情商和智商

主编 刘金权 苗 萍

中原农民出版社
·郑州·

图书在版编目(CIP)数据

一本书读懂孩子的情商和智商/刘金权,苗萍主编.—郑州:中原农民出版社,2016.6(2024.3重印)
(医药科普丛书/温长路主编)
ISBN 978-7-5542-1420-6

Ⅰ.①一… Ⅱ.①刘… ②苗… Ⅲ.①儿童教育-家庭教育-问题解答 Ⅳ.①G78-44

中国版本图书馆 CIP 数据核字(2016)第 088096 号

一本书读懂孩子的情商和智商
YIBENSHU DUDONG HAIZI DE QINGSHANG HE ZHISHANG

出　版:中原农民出版社	
地　址:河南省郑州市经五路 66 号	**邮编**:450002
网　址:http://www.zynm.com	**电话**:0371-65751257
发　行:全国新华书店	
承　印:三河市同力彩印有限公司	
投稿邮箱:zynmpress@sina.com	
医卫博客:http://blog.sina.com.cn/zynmcbs	
策划编辑电话:0371-65788653	**邮购热线**:0371-65724566
开　本:710mm×1010mm　1/16	
印　张:13.5	
字　数:206 千字	
版　次:2016 年 6 月第 1 版	**印次**:2024 年 3 月第 3 次印刷
书　号:ISBN 978-7-5542-1420-6	**定价**:34.00 元

本书如有印装质量问题,由承印厂负责调换

医药科普丛书编委会

主　　编　温长路
编　　委　(按姓氏笔画排序)
　　　　　王西京　吕沛宛　刘金权
　　　　　孙自学　孙宏新　杨　洸
　　　　　杨建宇　张建福　柳越冬
　　　　　高希言　黄志华

本书主编　刘金权　苗　萍

内容提要

是不是想知道你家宝宝体格发育、智能发育是否正常？

是不是想让孩子聪明一点、孝顺一点、人脉广一点？

被告知你家宝宝感觉统合失调，你是否抱怨感觉统合课太贵？

只管孩子吃喝拉撒，而不知怎样跟孩子玩对孩子最有益吗？

还是羡慕邻家宝宝乖巧、习惯好，而不知怎样培养自家娃的好习惯？

如果你一直被这些问题困扰，那就来本书里寻找答案吧。

本书就是围绕新手爸妈(宝宝0～3岁)最关心的这些问题展开的：

(1)按年龄段，用表格的形式，给出了正常宝宝身长、体重、头围、胸围测量值和智能水平，以供参考。

(2)按年龄段，针对感官训练(视觉刺激、听觉刺激、触觉刺激、平衡感刺激)、动作训练、语言训练、游戏训练等，列举了诸多游戏训练方案。

(3)针对饮食、大小便、卫生、睡眠、独立、与人交往等习惯的培养，提供了一定的方式方法和经验。

序

人类疾病谱虽然不断发生着变化，但常见病依然是影响健康长寿的最主要因素。以最多见的慢性病为例，心脑血管疾患、恶性肿瘤、呼吸系统疾病、糖尿病每年的死亡人数分别为 1 700 万、760 万、420 万、130 万，占世界死亡人数的 85% 左右，其中有 30% 的死亡者年龄还不足 60 岁。我国的情况也不乐观，政府虽然逐年在增加医疗投资，但要解决好十几亿人口的健康问题，还必须循序渐进，抓住主要矛盾，首先解决好常见病的防治问题。如何提高人们对健康的认知、对疾病的防范意识，是关系国计民生的紧迫话题，也自然是医药卫生工作者的首要任务。

2009 年 10 月，在长春市召开的庆祝新中国成立 60 周年优秀中医药科普图书著作奖颁奖大会上，中原农民出版社的刘培英编辑提出了要编纂一套《医药科普丛书》的设想，并拟请我来担任这套丛书的主编，当时我就表示支持。她的设想，很快得到了中原农民出版社领导的全力支持，该选题被列为 2011 年河南省新闻出版局的重点选题。2010 年，他们在广泛调查研究的基础上，筛选病种、确定体例、联系作者，试验性启动少量作品。2011 年，在取得经验的前提下，进一步完善编写计划，全面开始了这项工作。在编者、作者和有关各方的通力合作下，《一本书读懂高血压》《一本书读懂糖尿病》《一本书读懂肝病》《一本书读懂胃病》《一本书读懂心脏病》《一本书读懂肾脏病》《一本书读懂皮肤病》《一本书读懂男人健康》《一本书读懂女人健康》《一本书读懂孩子健康》《一本书读懂颈肩腰腿痛》和《生儿育女我做主》12 本书稿终于脱颖而出，在龙年送到了读者面前。今年，《一本书读懂失眠》《一本书读懂过敏性疾病》《一本书读懂如何让孩子长高》《一本书读懂口腔疾病》又和大家见面了，这的确是一套适合普通百姓看的科普佳作。

在疾病的防治方法上，如何处理好中西医学的关系问题，既是个比较敏感的话题，又是个不容回避的问题。我们的态度是，要面对适应健康基本目的和读者实际需求的大前提，在尊重中西医学科各自理念的基础上，实现二者的结合性表述：认知理念上，或是中医的或是西医的；检查手段上,多是西医的;防治方法上,因缓急而分别选用中医的或西医的。作为这套书的基本表述原则,想来不必羞羞答答,还是说明白了好。毋庸遮掩,这种表述肯定会存在这样或那样的不融洽、不确切、不圆满等不尽如人意处,还需要长期的探索和艰苦的磨合。

东方科学与西方科学、中医与西医,从不同的历史背景之中走来,这是历史的自然发展。尽管中医与西医在疾病的认识上道殊法异,但殊途同归,从本质上看,中西医之间是可以互补的协作者。中西医之间要解决的不是谁主谁次、谁能淘汰谁的问题,而是如何互相理解、互相学习、互相取长补短、互相支持、互相配合的问题。这种"互相"关系,就是建立和诠释"中西医结合"基本含义的出发点与归宿点。人的健康和疾病的无限性与医学认识活动的有限性,决定了医学的多元性。如果说全球化的文化形态必然是不同文化传统的沟通与对话,那么,全球时代的医疗保健体系,必然也是不同医疗文化体系的对话与互补。当代中国医疗保健体系的建立,必然是中西医两大医学体系优势互补、通力合作的成果。中西医长期并存、共同发展,是国情决定、国策确立、国计需求、民生选择的基本方针。从实现中华民族复兴、提高国民健康素质和人类发展进步的共同目标出发,中西医都需要有更多的大度、包容、团结精神,扬长避短、海纳百川,携手完成时代赋予的共同使命。医学科普,是实现中西医学结合和多学科知识沟通的最佳窗口和试验田。不管这一认识能不能被广泛认可,大量的医学科普著作、养生保健讲座实际上都是这样心照不宣地进行着的,无论是中医的还是西医的。

世界卫生组织称,个人的健康和寿命60%取决于自己、15%取决于遗传、10%取决于社会因素、8%取决于医疗条件、7%取决于气候的影响,这就明确告诉我们,个人的健康和寿命,很大程度上取决于自己。"取决"的资本是什么?是对健康的认知程度和对健康正负因素的主动把握,其中最主要的就是对疾病预防问题的科学认识。各种疾病不仅直接影响到人的健康和生活质量,而且严重影响到人的生存状况和寿命。我国人均寿命从新中国成立之始的35岁升高到2005年的73岁,重要原因之一就是疾病防治手段不断得到改善和提高。如果对疾病防控的技术能够再提高一些,这个数字还有上升的余地。摆在读者面前的这套《医药科普丛书》,就是基于这种初衷而完成的,希望读者能够喜欢它、呵护它、帮助它,让它能为大家的健康给力!

新书出版之际,写上这些或许不着边际的话,权以为序。

2013年春　于北京

再序

　　一套丛书,两年间出版了24种,不仅被摆放在许多书店的显眼位置,有不错的卖点,而且还频频在各类书展中亮相,获得读者的好评。2014年2月,其中的19种已通过手机上线阅读,把它带进了更广阔的空间……这些信息既让我高兴,也使我惊讶:一个地方性的出版社能有如此之光彩,可见其决策者运筹之精、编辑人员付出之多、市场运作人员对机缘的把握之准了。在平面出版物不断受到冲击的今天,这是不是应当引起关注和研究的一个现象呢!百姓的需求是最大的砝码,读者的喜爱是最好的褒奖,中原农民出版社不失时机地组织专家又编写出一批后续书目,并将于2014年7月起陆续推出。作为这套丛书的主编,我抑制不住内心的冲动,提笔写下这段话,以为这套丛书的高效繁衍鼓劲、助力!

　　继续推出《医药科普丛书》的意义,起码有三点是可以肯定的:

　　一是,为国民健康素养的提高提供食材。2012年,我国居民的基本健康素养水平只有8.8%,处于比较低的层次,与中国的大国地位和整体国力很不适应。2014年4月,国家卫生和计划生育委员会在《全民健康素养促进行动规划(2014—2020)》中提出了5年后要将这个水平提高到20%的目标,这既是一项利国利民的大事,也是一项涉及诸多方面的艰巨任务。作为医学科学工作者,最方便参与、最有可能做到的就是利用自己的知识、智慧和创造性劳动,在向受众提供诊疗服务的同时,进一步加大对医学知识普及的广度、深度、力度和强度,通过讲健康知识、写科普作品,面传心授,身体力行,用群众喜闻乐见的形式向他们传播科学的生活理念和生活方式。《医药科普丛书》的承载中,就包含有这样崇高的使命。

　　二是,为医疗制度改革的顺利进行拓宽思路。我国正在进行的医疗制度改革,事关国计民生。疾病谱的快速变化、老龄化的日趋突出,困扰着未来世界的发展,也困扰着社会的安宁。美国的人均年医疗经费投入已高达8 700美元(占美国GDP的17.7%,是全球总投入的1/4),而国民健康水平(发病率和人均寿命)在世界卫生组织191个国家的排名中却一直徘徊在第18～20位。我国虽然在过去短短几十年时间就完成了西方国家一二百年才完成的转变,但同时也存在着发展中国家所面临的疾病和健康的双重负担。如不及早干预,未来国家GDP的1/4将用于医疗。要解决十几亿人口的健康问题,必须寻找一条符合我国国情的路子,用李克强总理的话说,就是用中国式的方法去解决世界难题。《医药科普丛书》的承载中,也包含着这样积极的因子。

三是,为健康服务业的发展增添动力。2013年10月,国务院正式出台了《关于促进健康服务业发展的若干意见》(以下简称《意见》),要求充分调动社会力量的积极性和创造性,扩大供给,创新发展模式,促进基本和非基本健康服务协调发展,力争到2020年,基本建立覆盖全生命周期、内涵丰富、结构合理的健康服务业体系。《意见》中提出的今后一个时期发展健康服务业的八项任务,体现在治疗、预防、保健、康复的各个层面,如何实现对疾病干预的前移,树立超前的健康管理意识,是重中之重的工作。它对降低发病率、减少疾病痛苦、节约卫生资源、增加健康指数、增强国力都有不可估量的作用。围绕这一理念,在健康预测、健康评估、健康教育、健康维护、健康干预等领域大有作为。《医药科普丛书》的承载中,还包含了这样有益的探索。

《医药科普丛书》的作者,都是各个学科的专家,资质是完全可以放心的。已经出版的24种书,传播了健康的正能量,产生了较大的影响,这是应当肯定的主旋律。仔细阅读就会发现,有的书文笔老到,深入浅出,趣味引人,出自长期从事科普的高手;有的书,墨花四溅,激情横溢,单刀直入,出自牛刀初试的新秀。越来越多的医学工作者爱科普、做科普,成为学术与科普并举的双重能手,是一种值得称道的好现象。学术与科普,既是可以互相渗透、互相促进,命运密不可分的同宗学问,又是具有不同个性特点的两个领域,如何在二者之间找到恰当的切合点、交融处,是文化和科学传播中需要认真探索和努力解决的问题。建议丛书的后续作品,进一步处理好政治与学术、文化与科学、中医与西医、创新与普及、养生与养病、偏方与正方、食养与食疗、高雅与通俗、书本与实用、引用与发挥等关系,立足基层、立足老百姓的实际需求,以指导大众健康生活方式的建立、养生理念的形成和常见病、多发病的防治方法为主,兼顾不同人群的不同需求,采取多样性的形式,有针对性地为民众提供科学、有用、有理、有趣的知识和技能,成为他们追求健康、幸福人生的好帮手、好朋友。

以上这段话,是感慨之中一气呵成的,充以为序,以与作者、编者、读者共勉吧!

2014年6月6日 北京

目 录

实 践 篇

第一步:0岁,核心训练项目——抚触 ·············· 2

第二步:1个月,核心训练项目——抬头 ·············· 10

第三步:3个月,翻身训练 ·············· 16

第四步:6个月,学习爬行 ·············· 26

第五步:9个月,学习站立 ·············· 32

第六步:1岁,学习走路 ·············· 45

第七步:1岁半,学习上楼梯 ·············· 54

第八步:2岁,学习双足跳 ·············· 69

第九步:2岁半,学习单足跳 ·············· 91

第十步:3岁,学习骑车 ·············· 102

基 础 篇

一、宝宝出生了,新手爸妈怎么想 ·············· 111

二、为什么说教育从出生开始 ·············· 111

三、早期教育的理论是什么 ·············· 111

四、早期教育的真谛是什么 ·············· 112

五、什么是生长,什么是发育 ·············· 113

六、孩子生长发育有何规律 ·············· 113

七、影响生长、发育、智力的因素是什么 ·············· 114

八、什么是儿童发育的关键期 ·············· 115

九、什么是八大智力 ·············· 117

十、什么是智力、智商、发育商和智力测验 ·············· 124

家教篇

一、为什么说新手爸妈需要"育儿执照" ………………… 126
二、父母是孩子的榜样,你真懂吗 ………………………… 126
三、为什么爸爸妈妈的承诺要兑现 ………………………… 127
四、怎样对待孩子的无理要求 ……………………………… 128
五、孩子很黏人怎么办 ……………………………………… 128
六、孩子喜欢"独占"怎么办 ……………………………… 129
七、孩子拿了别人的东西怎么办 …………………………… 130
八、教孩子学会与别人分享 ………………………………… 131
九、孩子叛逆、不听话怎么办 ……………………………… 133
十、孩子耍小脾气怎么办 …………………………………… 134
十一、孩子爱打人、咬人怎么办 …………………………… 135
十二、孩子说谎怎么办 ……………………………………… 136
十三、孩子胆小怎么办 ……………………………………… 137
十四、孩子受到欺负怎么办 ………………………………… 138
十五、怎样让孩子快乐 ……………………………………… 139
十六、怎样表扬或奖励孩子 ………………………………… 142
十七、宝宝犯了错误怎么办 ………………………………… 143
十八、怎样批评或处罚孩子 ………………………………… 145
十九、怎么培养孩子的"五心" …………………………… 148
二十、怎么培养孩子的"五力" …………………………… 153
二十一、孩子需要懂得哪些社会交往规则 ………………… 158
二十二、孩子需要养成哪些好习惯 ………………………… 158
二十三、孩子怎样才能养成好习惯 ………………………… 160
二十四、孩子需要遵守哪些家教礼仪 ……………………… 161
二十五、孩子需要具备哪些品德素养 ……………………… 162

经 验 篇

一、早期教育的六大法宝是什么 …………………… 165

二、营养是健康和聪明的基础 ………………………… 165

三、感官刺激可以提高孩子的智商 …………………… 171

四、运动训练可以提高体商 …………………………… 176

五、语言、阅读训练可以提高语商 …………………… 183

六、玩玩具、游戏可以提高情商 ……………………… 186

实 践 篇

　　测量小儿的身长、体重、头围、胸围,可以了解小儿的生长情况。生长是小儿不同于成人的主要特点之一,定期把小儿测量值与正常标准对比,既可以评估小儿体格发育是否正常,又可以判断小儿高矮、胖瘦、身材是否匀称。评价等级是利用均值加减标准差来划分的。一般分为五个等级。凡是测量值在平均值加减1个标准差范围内的属于中等;在平均值加1~2个标准差范围内的为中上等;超过2个标准差以上者为上等;在平均值减1~2个标准差范围内的为中下等;低于平均值减2个标准差的为下等。值得注意的是,用上述标准值只能判断一个小儿生长发育在人群中所处的位置,要确定是否属于异常,还需要考虑遗传、营养、疾病等因素的影响,若有可疑之处,请向专科医生咨询。

　　宝宝刚出生,其智商、情商、体商、语商、德商一般都体现在运动、语言、应人与应物的能力上,所以国际上对婴幼儿智能发育的水平,通常是用"发育商"来进行评判的。从某种意义来说,儿童的"发育商"与成人的"智商"有相似的含义。所以专科医生通常采用"粗大运动、精细动作、语言能力、适应能力、社交行为"五大指标评估婴幼儿的智能发育水平。

第一步：0岁，核心训练项目——抚触

一、发育与评价（体格、智能）

正常男童出生身长、体重、头围、胸围测量值

项 目	X－2S	X－S	X	X＋S	X＋2S
身长（厘米）	47.0	48.7	50.4	52.1	53.8
体重（千克）	2.5	2.94	3.33	3.72	4.11
头围（厘米）	32.1	33.2	34.5	35.7	36.9
胸围（厘米）	29.9	31.4	32.9	34.4	35.9

正常女童出生身长、体重、头围、胸围测量值

项 目	X－2S	X－S	X	X＋S	X＋2S
身长（厘米）	46.3	48.0	49.7	51.4	53.1
体重（千克）	2.46	2.85	3.24	3.63	4.02
头围（厘米）	31.6	32.8	34.0	35.2	36.4
胸围（厘米）	29.6	31.1	32.6	34.1	35.6

宝宝出生时的智能水平

粗大运动	无规律自由活动,动作不协调;常握拳;四肢屈曲
精细动作	有物体(如手指、摇铃柄)触碰手掌时,能握住物体
语言能力	能哭叫,会发声及模仿伸舌
适应能力	视觉:可以看见20厘米以内活动物体,对红色敏感,喜欢看红球、人脸或黑白对比图,具有短暂注视功能。听觉:对声音有反应。嗅觉:对有气味的物质有反应。味觉:对不同味道的物质有反应。触觉:对温觉(冷)灵敏,痛觉迟钝
社交行为	铃声使全身活动减少

二、感官训练

1. 视觉刺激

▲看红球

宝宝仰卧位，操作者用鲜艳的红球放在他的眼睛正前方20～30厘米处，左右缓慢移动，使宝宝眼睛看到红球，并跟着红球看。训练过程中，也可以播放舒缓优美的背景音乐。每天训练2～3次，每次5～10分钟。

▲看人脸

宝宝仰卧位，也可以操作者抱着宝宝，并面对宝宝，同时发出"哦——""哦——"的声音，让他看到人脸；操作者头脸移动的同时诱导宝宝追视人脸而转头。训练过程中，也可以播放舒缓优美的背景音乐。每天训练2～3次，每次5～10分钟。

2. 听觉刺激

▲听音乐

从初生起就要为孩子提供音乐环境，一般选择在吃奶、洗澡、抚触或做功能操时，给孩子听一些优美舒缓的曲子，这样既可以愉悦心情、增强宝宝的听觉能力，又可以启迪语感，增强注意力。生活、音乐两不误。听音乐一天2～3次为宜。注意不要频繁地换曲子，应该在一段时间内只放同一首短小悦耳的曲子。

▲听玩具声

家长用色彩鲜艳的摇铃，放在距孩子眼睛25厘米处，边摇边缓慢地移动，使宝宝能够看到摇铃，并吸引宝宝随着玩具和响声转头。

▲听爸爸妈妈说话声

孩子饿了、哭了，妈妈抱起宝宝，用关心的口气对宝宝说："乖乖，你饿了？你渴了？咱们吃奶吧！"这时宝宝会停止哭闹，深情地望着你。宝宝吃饱了，妈妈用温柔的口气对宝宝说："小宝宝，你吃饱了？你吃好了？"这时宝宝会安详地看着你。把宝宝排尿排便，爸爸妈妈要说话；给宝宝按摩做操，也要说话。

▲视觉、听觉联合训练

将色彩鲜艳带响声的玩具，放在距孩子眼睛25厘米处，边摇边缓慢地移动，使宝宝的视线能随着玩具和响声移动。坐在孩子对面，一边喊他的小名,一边移动自己的脸,宝宝有时会随你的脸而转头。

▲视觉、听觉、位置觉联合训练

生后半个月起,每天可抱起宝宝片刻,沿着房间环视室内四周景象,一边看还可一边讲述室内的东西,使宝宝了解周围环境。

3. 触觉刺激

做婴儿抚触(见 P173)。

4. 位置觉(平衡)刺激

爸爸妈妈抱孩子时,一只手手心向上托住宝宝的后颈,另一手托住他的小屁股,让宝宝在空中上下左右地运动。另外,要经常抱着宝宝在屋里各处走走,对他说说各种东西的名称,偶尔停下来对他说说窗外的事物。

三、动作训练

▲拉坐训练

孩子置于仰卧位,操作者双手分别握住宝宝的双手手腕,轻缓地把宝宝拉起,孩子头后垂,拉成坐位,特别是快满月时,每天可练习2～3次,有时宝宝的头可竖起片刻。以此锻炼他的颈部和背部肌力。

▲俯卧抬头训练

从半个月以后,在两餐奶之间进行,每天让孩子俯卧一会儿,并用玩具逗引他抬头,注意床面要硬一些,时间不要太长,以免孩子太累。喂奶后也可竖抱孩子,使其头部靠在家长的肩上,轻轻地拍几下背部,使宝宝打个嗝,以防止溢乳。然后不要扶住头部,让头部自然立直片刻,每天 4～5 次,以促进颈部肌力的发展。开始训练每次30秒钟,以后可根据小儿训练情况逐渐延长至 3 分钟左右。

▲抓握训练

操作者用自己的手指或摇铃的柄触碰孩子的手掌心,孩子能紧紧握住,可在手中停留片刻后放开。

▲蹬腿训练

让宝宝仰卧于床上,妈妈将几件发响软塑料玩具放于墙边,并用一块有一点硬度的板立在软塑料玩具前面,使宝宝在无意识的蹬踏中,逐渐引发有意识的用力蹬踏,从而训练宝宝双腿的灵活性及下肢肌肉的力量。

▲全身训练

宝宝从生后半个月起,可以开始婴儿被动操训练(见P177)。

四、语言训练

▲听音乐

选择优美、舒缓、欢快或抒情的乐曲,从出生起定时给宝宝听音乐,一日2～3次。可以与哺乳、洗澡、抚触、按摩结合起来。

▲发音训练

爸爸妈妈多与宝宝说话,在喂奶、换尿布时,看着宝宝并和他多说话,也可唱歌给孩子听,逗引孩子自由发音。

五、玩具与游戏训练

▲逗宝宝笑

刚出生的宝宝可能不太会笑,但爸爸妈妈仍要试着逗宝宝笑,只有多逗逗宝宝,宝宝才会模仿大人的表情,学会微笑。宝宝被大人逗乐与睡觉时脸部肌肉收缩的笑不同。大人逗乐是一种外界刺激,宝宝会以笑来回答,这也是宝宝学习的第一个条件反射。妈妈可以通过做出多种表情,如张口、伸舌、龇牙、鼓腮、微笑等,同时配合语言来逗引宝宝发笑。父母要学会和新生儿交往,细心观察新生儿的哭声,注意小儿的面部表情,应懂得并满足其需求。父母应多与宝宝交流,促进其认识世界的能力的发展。

六、道德与习惯培养

▲洗澡习惯

洗澡不仅可以保持皮肤清洁卫生,及时发现疾病,而且还能增进血液循环,促进孩子生长发育。洗澡时应先洗脸,再洗头,然后脱衣服洗上半部和下半部,最后洗臀部。婴儿皂不要直接擦到孩子身上,应先擦在妈妈手上,再抹到孩子身上。要注意的是,脐带尚未脱落的新生儿,腹部不宜浸水,以免污染脐部后引起感染。脐带脱落,创面完全愈合后就可水浴,但也不是直接把婴儿放进水里,而是在浴盆上搁一张浴床,让宝宝睡在上面洗。到五六个月婴儿能坐了,就可以把宝宝直接放在水里洗了。洗澡时要注意保温,时间不宜过长。洗完,擦干身体,穿好衣服,给孩子喝些白开水,让其甜甜地睡上一觉。在给宝宝沐浴的过程当中,应该和宝宝保持一个眼神的交流。洗澡次数:如果有条件的话,春、秋季每天1次,夏季每天2次,冬季每天或隔天1次。

▲游泳习惯

婴幼儿游泳是新兴的护理和促智训练措施。游泳与抚触,锻炼了宝宝体力,使宝宝身体更协调灵活,既可以提高宝宝心智发育的能力,又可以提高宝宝耐寒和抗病的免疫能力,有研究显示,游泳对宝宝的身体和智力发育大有裨益。游泳的水温比洗澡的水温稍微凉一点。宝宝刚开始游泳时,时间控制在5分钟之内,还要看宝宝的体力是不是能够承受。等到宝宝45天的时候,游泳时间能够延长至10~15分钟。妈妈也不要刻意地追求时间越长越好,其实对宝宝来说,体力消耗是很大的。一般情况下,宝宝游泳隔天1次。

▲安全感培养

爸爸妈妈注意及时满足宝宝的各种需求,如饿了及时喂,尿了、便了及时换尿布,烦了马上抱,哭了立刻哄,可以认为新生儿的要求都是合理的。因为需求及时得到满足的宝宝,会对家长和这个新世界产生信赖和认同,也会对自己充满信心。

▲安抚训练

宝宝哭了,哭得很厉害,妈妈摇铃铛或给宝宝一个笑脸或把宝宝抱起来,如宝宝哭声停止了,说明安抚有效——宝宝正常;如果宝宝继续哭,安抚无效,说明宝宝病了,应该看医生。

▲母乳喂养

母乳营养全面、均衡,吃母乳的婴儿长得快、长得壮、不易生病、智商高;母乳喂养的妈妈产后恢复快,不易患妇科肿瘤;妈妈喂奶,孩子吃奶,哺乳过程就是传递母爱的过程,也是母子互识、相互依恋、增加母子感情的过程。从这种意义上讲,母乳不仅为婴儿提供了物质营养,还是一种"精神营养",可以更好地促进宝宝大脑与智力发育。

母乳喂养方法

(1) 三早(早接触、早吸吮、早开奶)

产妇在新生儿娩出后半小时就开始与孩子接触称为早接触。"早"就是在宝宝生后半小时;"接触"就是妈妈将宝宝搂进怀里或趴在身上,使母子皮肤相贴。正常阴道分娩,婴儿娩出应常规彻底清除呼吸道分泌物、擦干全身的羊水、保暖并断脐后,将婴儿裸体放在妈妈的胸前(让婴儿躯干和四肢与母亲胸前皮肤直接接触),妈妈双手搂住婴儿,在其上方盖上毛巾或棉被;产床头抬高至30°角,约接触10分钟后,婴儿有觅食反射时帮助其含接和吸吮乳头(早吸吮)。剖腹产的婴儿,不主张在手术台上与妈妈进行早接触,可以在婴儿断脐后,穿好衣服,让婴儿与妈妈贴贴脸,拉拉手,然后放在手术室内小床上,与妈妈一起回到爱婴病房,母婴同室,待妈妈有应答反应时,妈妈露出一侧胸、腹及手臂,把婴儿衣扣解开,尿布取下,裸露胸腹与母亲皮肤接触。母亲手抱住婴儿,接触30分钟,待婴儿有觅食反射时帮助含接、吸吮乳头(早吸吮)。妈妈十月怀胎一朝分娩,看到孩子会很满足、很喜悦,机不可失;刚出生的宝宝眼睛睁得大大的,他要看看未曾谋面的妈妈,他要听听在肚子里已经熟悉的妈妈的声音。这时候母子接触,宝宝望望妈妈,妈妈对宝宝说说话,母子亲情从此开始。

产妇在新生儿娩出后半小时就开始让孩子吸吮乳头,称为早吸吮。早吸吮宝宝早一点吃到初乳,获得免疫力;早吸吮可以将乳头乳管里的双歧杆菌吃下去,获得益生菌;早吸吮对乳头的刺激可以增加催乳素及催产素的分泌,有利于产妇早下奶和子宫复旧。哺乳越晚,乳汁分泌越少。

(2) "三贴"

"三贴"是指哺乳时妈妈与宝宝的位置关系。妈妈无论采取坐位或卧位给宝宝哺乳,都应该注意"三贴",即让宝宝腹部紧贴妈妈的腹部(腹贴腹),让胸部紧贴妈妈的胸部(胸贴胸),让下颌紧贴妈妈的乳房(下颌贴乳房)。只有紧贴,妈妈才感觉实在;只有紧贴,宝宝才有安全感。

(3)正确含接

正确含接的方法是:瞅准婴儿嘴张大时,顺势把乳头及大部分乳晕塞进宝宝嘴里,让孩子吞入乳头,口唇包住乳晕。原则是不能让孩子仅仅咬住乳头。

只有正确含接,哺乳才能顺利进行;只有正确含接,才能做有效吸吮。宝宝含接不正确就吃不出奶,就会起急,哭闹,使劲咬乳头;宝宝吃不出来奶,妈妈也急、心烦、乳头疼,乳汁越来越少。这样下去,宝宝、妈妈都不快乐。根据我们的经验,大多数母乳喂养问题,多半是由于妈妈喂奶姿势和宝宝含接不正确引起的。

(4)母婴同室

妈妈分娩以后,就要和新生儿同室居住,24小时在一起,即使医疗及其他操作,每天母婴分离不超过1小时。母婴同室的目的在于方便哺乳,是落实按需哺乳、勤吸吮的基本条件。如果宝宝不在身边,就做不到勤吸吮。

(5)勤吸吮

实验证明,通过吸吮刺激,从而促进乳汁的分泌。可以说勤吸吮是下奶的"金钥匙"。

(6)按需哺乳

按需哺乳,就是给孩子喂奶不定时、不定量,不规定哺乳次数和时间,孩子饿了、想吃了就喂,妈妈乳房胀了就喂,孩子睡得时间太长了就该唤醒实施喂奶,夜间也不应该停止哺乳。为了让宝宝醒来,可以试着拿开小毯子,换块尿片,轻轻按摩一下,或者抱起他把他贴在胸前。按需哺乳的目的,其一是满足孩子快速生长的营养需要,其二是实施勤吸吮,刺激乳房泌乳。

(7)吸空乳房,两侧交替

妈妈喂奶时,让宝宝吸空一侧乳房后,再换到另一侧,两侧交替吃奶。如果吸了一侧宝宝就饱了,记得下次先吸另一侧。两侧乳房交替吸吮可以让妈妈不至于过度劳累；两侧乳房都吸空了更有利于下奶。

(8) 纯母乳喂养

母乳中大约90%是水分，母乳是最好的食品和饮品。纯母乳喂养是指除给孩子母乳外不给其他食物及饮料，包括水（除药物、维生素、矿物质滴剂外，也允许吃挤出的母乳），就是让宝宝记住母乳的好。即使在炎热的夏天，只吃母乳也能满足婴儿所需的水分。给母乳喂养的婴儿补充水分是不必要的，如果婴儿原本就不大的胃容量被水挤占，会抑制孩子的吸吮能力，使他们主动吸吮乳汁的量减少，获得的营养也因此减少。这不仅对婴儿生长发育不利，还会造成母乳分泌减少。

(9) 信心足

"没有没奶水的妈妈，只有没信心的妈妈。""母乳喂养，我能行；别人有奶，我也有。""只要孩子需要，就有乳汁分泌。""我的孩子需要我的乳汁。""我相信自己能够有充足的乳汁。""坚持下去，就会成功。""母乳喂养是我和宝宝共同的幸福时光。"这都是成功母乳喂养者总结出来的箴言。

第二步：1个月，核心训练项目——抬头

一、发育与评价（体格、智能）

正常男童1个月身长、体重、头围、胸围测量值

项　目	X－2S	X－S	X	X＋S	X＋2S
身长（厘米）	52.0	54.4	56.8	59.2	61.6
体重（千克）	3.81	4.46	5.11	5.76	6.41
头围（厘米）	35.4	36.7	38.0	39.3	40.6
胸围（厘米）	33.7	35.6	37.5	39.4	41.3

正常女童1个月身长、体重、头围、胸围测量值

项　目	X－2S	X－S	X	X＋S	X＋2S
身长（厘米）	51.2	53.4	55.6	57.8	60.0
体重（千克）	3.57	4.15	4.73	5.31	5.89
头围（厘米）	34.6	35.9	37.2	38.5	39.8
胸围（厘米）	33.0	34.8	36.6	38.4	40.2

宝宝1个月时的智能水平

粗大运动	拉腕坐起时，宝宝头可以短时间竖直
精细动作	手经常握拳；可以短时间握住拨浪鼓或摇铃柄
语言能力	自发细小喉音；听妈妈说话时，能注视妈妈面孔
适应能力	听声音有反应；听到摇铃声，哭声停止
社交行为	逗引时有反应；眼睛能跟踪走动的人

二、感官训练

1. 视觉刺激

▲看黑白图片

把图片贴在墙壁上，或者把图片放在宝宝眼睛前方20厘米处，图片时而静止，时而慢慢水平移动，使宝宝观看到图片，每天训练2～

3次,每次5～10分钟。

▲看图训练

宝宝喜欢看彩色的图画,当看到喜欢的图画时会笑,并挥动双手想去摸;看到不熟悉的图画时,会因为新奇而长久注视。妈妈可将宝宝所表示的偏爱记录下来,作为日后进一步培养的参考。

▲追视功能训练

满1个月的孩子喜欢看轮廓大、颜色对比强烈的图形,如黑白棋盘、红球、人脸图等,图片要大(花生米样大小的物体,孩子是看不到的),最好摆在距离孩子眼睛20～40厘米远的位置。1个月的孩子可以通过移动红球练习视觉追踪。2个月的孩子可以通过摇响、捏响玩具的移动,调整练习目光追随、抓、拍等动作。孩子最喜欢看着妈妈微笑的脸,妈妈可以随时转换抱孩子的姿势,使孩子的目光随着移动,这有助于孩子眼肌的训练。

▲追视风铃训练

缓慢转动风铃,让宝宝看到每一个风铃,操作者讲解风铃上每个玩具。当宝宝注视这些玩具的时候,观察宝宝的反应。宝宝注意力减退、烦躁,或者把头扭到一边,说明宝宝累了,这时妈妈应马上停止游戏,另选择时间再玩这个游戏。除了周围环境的一些刺激外,可对小儿实行专门的视觉训练。在小儿上方悬挂彩色气球或小儿感兴趣的花环,使小儿视线随玩具转;可用不同声音让小儿寻找,声音不应太响或太长,否则小儿会失去兴趣。

2. 听觉刺激

▲听声音训练

妈妈不要总是担心任何一点细微的声音会吵到宝宝。其实,对于满1个月的宝宝来说,很多细微的声音,如脚步声、开门声、吸尘器的响声、茶壶煮开的哨音、水流声、风铃声、碗碟磕碰声、撕纸声以及窗外的人声、车声等,不但能引起宝宝的兴趣,还对锻炼宝宝的听觉有帮助,且能帮宝宝认识周围的事物。所以,在宝宝精神较好时,妈妈不要刻意让宝宝避开这些声音,只要这些声音不是很大,都是对宝宝有好处的。下雨的时候还可抱着宝宝站在门口听听雨声。

▲听音乐训练

每天定时放一些适合婴儿的乐曲,妈妈也可对着孩子唱些简单的歌,以此交流感情,逗引宝宝发出笑声。

▲寻找声源训练

用摇铃或其他带有响声的玩具,放在孩子的正面作响,宝宝能立刻听到并注意响声。或者是在孩子的侧面(不让宝宝看到玩具)将玩具作响,宝宝听到响声会转头,寻找声源。

3. 触觉刺激

▲触摸训练

妈妈可让宝宝经常触摸不同质感的玩具,如光滑的塑料玩具、软而易挤压的毛绒玩具、拿在手里会变形或表面坑坑洼洼的玩具等,让宝宝的手尽可能多地增加一些触觉感。

▲摸摸妈妈的脸

孩子在吸吮母乳时,会盯着妈妈的脸,妈妈要做出微笑或言语的反应。妈妈握着孩子的手摸自己的脸,也可以用孩子的小脚丫碰碰妈妈的脸,并对孩子说:"摸摸看,这是妈妈的脸。"轻轻抚摸孩子的鼻子,妈妈一边摸一边说:"这是宝宝的鼻子。"然后拿起他的手来触摸妈妈的鼻子,并说:"这是妈妈的鼻子。"

▲抓握训练

在小儿情绪愉快时,家长经常将带柄的玩具或者是大人的手指塞在小儿的手掌中,使其抓握触摸,训练小儿小手抓握触摸能力。开始是让小儿碰触玩具,逐渐将玩具放小儿手中,训练手的抓、握、松的能力;然后准备一些抓握的玩具,如摇铃、能捏响的软塑料或橡皮玩具,稍大时用皮筋把这些玩具挂在小儿能够抓到的地方,以使他练习抓、握、摇、捏等动作。

▲继续婴儿抚触(见 P173)。

4. 位置觉(平衡)刺激

爸爸妈妈一手托住宝宝颈部,另一手托住宝宝的臀部,然后就像荡秋千一样,将宝宝身体从下至上,再从上至下重复运动。

准备一个大的健身球,让孩子趴在健身球上,家长抓住孩子的腿前后拉动,这时球动孩子也动。这样的运动有助于孩子平衡感的建立。

三、动作训练

▲俯卧抬头训练

抬头训练宜在宝宝清醒、空腹时或喂奶前1小时进行。妈妈将俯卧位的宝宝头转至正中,手拿色彩鲜艳、有响声的玩具逗引宝宝,使其努力抬头,抬头的动作从与床面呈45°开始,逐步稳定。到3个月时能稳定地抬起90°。宝宝抬头时,妈妈可将玩具从宝宝的眼前慢慢移动到他头部的左边,再慢慢地转移到右边,让宝宝的头随着玩具转动。

▲转头训练

让宝宝背靠妈妈胸腹部,面向前方。爸爸在妈妈背后时而向左、时而向右伸头呼唤宝宝的名字,和他说话或摇动带响的玩具,逗引宝宝左右转头。

▲竖头训练

在小儿清醒状态时进行,一般在喂奶前的1小时,让小儿俯卧位,家长可用带响的玩具或红球在前方逗引,练习小儿抬头,每次训练10分钟,逐渐延长,每天数次。仰卧位时使小儿头在中线位,拉小儿前臂,使头前倾,练习头的控制能力。

▲翻身训练

宝宝呈仰卧位,为了使小儿全身肌肉运动,不要将小儿捆成一个蜡烛包,训练小儿由仰卧位翻到侧卧位,每次数分钟。

▲全身训练

继续婴儿被动操训练(见P177页)。

四、语言训练

▲和宝宝说话

自出生开始,家长要对小儿多说话,使他能感知言语,为小儿创造丰富的语言环境。当小儿自动发声以后,家长应予以应答,训练小儿对不同的声音有不同的反应。家长用亲切和温柔的语音,面对宝宝,让孩子看着大人的口形,一个音一个音地发出a、o、e等元音。练一段时间后,应停下来逗宝宝玩,引他笑,而后还可以从头再练一会儿发音。

五、玩具与游戏训练

▲逗笑训练

在视觉方面首先练习视力集中,可将红球、铃铛或玩具移至宝宝面前,当他注视后,可缓慢移动物体,使宝宝的眼睛能跟着物体动,以提高他的注意力。也可以试着看图片,提高注视力,高兴时会发出笑声。

▲找玩具

妈妈将各种发音体(音质、音调均不同的,如拨浪鼓、电子琴、铃铛、口哨等),在宝宝视线内,人为地发出声音,并告诉宝宝这些玩具的名称,刺激宝宝对不同声源的视觉反应。等宝宝注意后慢慢移开玩具,宝宝会随着声音的移动而寻找玩具。

▲干洗澡

宝宝沐浴后,将他平放在浴巾上,仰卧、俯卧、侧卧都可以,以宝宝喜欢的姿势为好。妈妈抓住浴巾的一角,稍稍用点力在宝宝身上搓。大腿、背部、臀部、手臂、肚子等都要搓到,就好像洗衣服一样。注意浴巾要柔软、干净、舒适。这种"干"洗澡结束后,用浴巾把宝宝裹紧一点,像个小粽子一样抱上一会儿,这是宝宝现在最需要的了。

▲给宝宝购置一些带声响的玩具

训练宝宝的听觉,不能光靠周围的自然存在的声音,还要靠妈妈或爸爸制造一些适合宝宝听觉的声音,如一些有声响的玩具。妈妈可以用有声响的玩具在宝宝身旁摇动,宝宝会随着声音追视发出响声的地方。或者抓着宝宝的手,一起摇动会出声响的玩具,也可以在宝宝手腕上绑上一副摇铃。需要注意的是,训练宝宝的听觉要持之以恒,但不要无休止地训练,否则宝宝会因厌倦而失去兴趣。

六、道德与习惯培养

培养小儿的生活规律,了解小儿的特点,逐渐养成按时吃、喝、睡的习惯,掌握小儿大小便的规律,逐渐培养大小便的条件反射;家长要与小儿有情感地交流,要用亲切的语调多与小儿说话,多与小儿目光对视,觉醒时要经常抱,多逗引孩子笑,培养母子感情。

▲把尿习惯训练

从满月起,妈妈就可以训练把尿习惯。睡前醒后,饭前饭后,出去前和回来后,都应该把把尿尿。给宝宝把尿时,妈妈可发出"嘘——"的口哨声,使宝宝对排尿形成条件反射,以后一发出这种口哨声宝宝就会有尿意。训练一段时间后,白天就可以渐渐不用尿布;睡前尿一次,夜里把一次,夜里也不会尿床。

▲排便习惯训练

从满月起,妈妈就应该训练宝宝养成良好的排大便习惯。妈妈要试着让宝宝按时排便,排便时间最好在清晨。早晨排便,一天轻松。要想养成早晨排便的习惯,必须让宝宝睡得早,才能起得早;只有起得早,宝宝醒了动动,才有便意。每天早晨排便,久而久之早晨排便的习惯就形成了。

▲安抚训练

婴儿出生后不愉快的情绪占主导地位,饿了、冷了、尿布湿了、困了,只会用哭来表示。爸爸妈妈要多抱抱宝宝,抚摸和亲吻宝宝,这样会使满月后的孩子出现愉快的情绪,对妈妈的脸发出微笑,有时甚至手舞足蹈,感觉到母亲的爱。早期亲子关系的建立给孩子信赖感、安全感,是日后孩子做人的基础。

第三步：3个月，翻身训练

一、发育与评价（体格、智能）

正常男童满 3 个月身长、体重、头围、胸围测量值

项　　目	X－2S	X－S	X	X＋S	X＋2S
身长（厘米）	58.9	61.1	63.3	65.5	67.7
体重（千克）	5.61	6.39	7.17	7.95	8.73
头围（厘米）	38.4	39.8	41.2	42.6	44.0
胸围（厘米）	37.7	39.6	41.5	43.4	45.3

正常女童满 3 个月身长、体重、头围、胸围测量值

项　　目	X－2S	X－S	X	X＋S	X＋2S
身长（厘米）	57.8	59.9	62.0	64.1	66.2
体重（千克）	5.1	5.83	6.56	7.29	8.02
头围（厘米）	37.6	38.9	40.2	41.5	42.8
胸围（厘米）	36.5	38.4	40.3	42.2	44.1

宝宝 3 个月时的智能水平

粗大运动	俯卧位时，可以抬头 45°；直立位时，可以竖头
精细动作	两手握一起，握持拨浪鼓 0.5 秒
语言能力	笑出声
适应能力	头可随看到的物品或听到的声音转动 180°
社交行为	灵敏模样，见人会笑

二、感官训练

1. 视觉刺激

▲颜色感知觉训练

让宝宝尽量多看各种不同色彩的物体，给予多种色彩刺激。如在宝宝小床的周围挂一些五颜六色的气球；在家里贴挂一些颜色丰富的图和画;带宝宝到大型超市看色彩丰富的各种物品的外包装和衣饰;到大自然里去欣赏多姿多彩的花草树木。尽可能地让宝宝接触色彩比较丰富的东西,这样就会促进宝宝对色彩的敏感性,可促进婴儿对颜色的认知。

▲视觉广度、眼球转动训练

爸爸妈妈手里拿着东西,如拨浪鼓、气球、图书等,在宝宝眼睛周围慢慢移动,速度由慢到快,范围由小到大,并可以按照一定的方向来进行训练。例如从左到右,再返回来;从下到上,再返回来;从左下到右上,往返移动;从右下到左上,往返移动。总之,就是尽可能地围绕宝宝眼睛周围进行各个方向的移物训练。如此这般,宝宝的眼球活动就会变得更加灵活和敏感。还可以引逗宝宝转动头部或眼球注视、追视物体或玩具。

▲寻找光源

抱孩子到台灯前,用手拧开台灯说"开灯",灯就亮了。最初宝宝只看妈妈的脸,不去注意灯。多次开关之后,孩子发现一亮一灭,目光向台灯转移,同时又听到"灯"的声音,逐渐形成条件反射。而后只要再听到爸爸妈妈说"灯",宝宝眼睛就会转向台灯,找到目标。

▲追视训练

小儿仰卧,家长用红花或色彩鲜艳的物体,在小儿眼前左右移动,距离要适当,引导孩子头部和视线随着移动的物体而转动;还可训练小儿注视远近距离不等的物体,以促进视力发展。

用色彩鲜艳的带响玩具,固定在床上,用皮筋将玩具和婴儿的手脚部位连套起来,小儿仰卧时,随着四肢不规则的运动,玩具也在空中摇晃起来,并发出响声,小儿的视线随摇晃的玩具移动,从而吸引婴儿的兴趣,使小儿全身运动。

在小儿床的上方1~1.5米处悬挂色彩鲜艳的玩具或手摇响铃等玩具,训练小儿视觉。这些悬挂物要经常移动,以免造成小儿斜视或偏头等。再者一般不用硬性铁丝固定,最好用皮筋或有弹性的细绳悬挂,以便随风吹动,使玩具能颤动发响。

▲照镜子

家长抱着小儿坐在膝上,拿镜子让小儿照一会儿,然后拿走镜子,反复几次,逗引孩子使其对镜子发生兴趣。照镜子时对小儿讲："你看镜里是谁？是亮亮(孩子名字)吧！"面对镜子,将小儿的手放在镜子上摸一摸,使他通过镜子的触摸感觉自己的手。可变换方法,家长也可以对着镜子亲亲孩子的脸,使小儿产生愉快的情绪。

▲小红球

可以从小玩到大的小红球,在宝宝面前左右移动,训练宝宝的追视能力,学会抬头和转头。

2. 听觉刺激

▲听乐曲

爸爸妈妈要给宝宝提供一个优美、温柔和宁静的音乐环境,提高其注意力和愉快的情绪。经常播放一些舒畅、美好、愉快、优美的音乐和歌曲。可结合孩子的生活起居(入睡前、吃奶时、抚触时、被动操时)放些相适应的音乐,以促进孩子进入梦乡或激发愉快的情绪。

▲听儿歌

结合生活及活动,爸爸妈妈经常给宝宝朗读一些简短的儿歌。如在玩照镜子时,就可以配上儿歌。如"小小镜子啊,亮闪闪呀。宝宝照镜啊,笑眯眯呀！"等。

▲区分语调训练

让孩子从周围环境中直接接触各种声音,可提高对不同频率、强度、音色声音的识别能力。根据不同情景,用不同语调、表情,使孩子逐渐能够感受到语言中不同的感情成分,逐渐提高语言的区别能力。

▲寻找声源训练

吸引孩子寻找前后左右不同方位、不同距离的声源,以刺激小儿方位觉能力的发展。家长敲响玩具(铃、鼓),小儿注意倾听,然后走到房子的一角敲,用语言跟小儿说："这是什么声音？""听听声音,在这里！"这时注意小儿的视线,是否朝着有声音的地方注视,若未注视,重复敲,直到他注视为止。在此基础上,多给孩子倾听周围的声音,如给孩子听悦耳的玩具声(如小铃铛、带音响的电子玩具等),甚至听昆虫和鸟类的啼鸣声,各种交通工具的声音等。当周围发出音响时,注意观察孩子的反应。

▲叫名字——回头训练

孩子听见声音回头,并不表示他理解声音的含义。孩子3个月了,家长可以试着唤他的小名(如"棒棒"),看他是否有回头动作,如果没有反应,需在不同的场合反复地练习,经常呼唤,宝宝就将自己和"小名"联系起来了。此后当孩子听到自己的小名时,就会回头微笑。这时,爸爸妈妈要立即抱起宝宝,给予亲吻和赞扬。

▲寻找失落的玩具

将带响的玩具从孩子的眼前落地,发出声音,看看他是否有寻找玩具的眼神和动作。如果能随声音追寻,就将玩具拾起给他,以示鼓励。

▲听觉和视觉联合训练

3个月宝宝已能将听觉和视觉结合起来,当他听到声音时,头就会转向发音的方向,寻找声源。你或许觉得这种动作是很自然的,但这是智力活动的进步。家长应经常有意识地走到宝宝面前,逗引宝宝注视自己的脸,然后把脸移到一侧,并轻声叫宝宝的名字,逗引宝宝的视线随父母的脸移动。也可用摇铃声,逗引宝宝边听声音,边看摇铃。

3. 触觉刺激

▲吸吮手指

喜欢吃手指或咬其他东西,并不意味着宝宝饿了,想吃东西。宝宝吃手指是孩子想了解自己的能力、对外界积极探索的表现,说明宝宝支配自己行动的能力有了很大提高,婴儿能用自己的力量把物体送到嘴里是很不容易的,也标志着婴儿手、口动作互相协调的智力发展到了一定水平。鼓励孩子吸吮自己的手指,不要干涉;只要宝宝不把手指弄破,在清洁和安全的前提下,尽可能让他去吸,否则会影响其眼手协调能力及抓握能力的发展,会损伤宝宝的自信心。

▲继续婴儿抚触(见P173)。

4. 位置觉(平衡)刺激

▲坐飞机

宝宝俯卧,爸爸摇篮式将宝宝抱起。向前向上如飞机升空,时而向左向前运动,时而向前向右运动,最后抱着宝宝向前向下如飞机降落。爸爸一边做动作,一边解说:"飞机起飞啦,嗡……""飞机下降啦,嗡……""飞机拐弯啦,嗡……"如此不停地飞上、飞下、飞左、飞右。注意动作要平衡而顺当,注意安全,别让孩子摔下来。

▲空中摇篮

宝宝仰卧位,爸爸的两只手分别抓住宝宝的右手和右脚,妈妈两只手分别抓住宝宝的左手和左脚,爸爸妈妈一起用力将宝宝抬起来,然后像荡秋千一样摇动宝宝,速度由慢而快,幅度由小而大。

▲浴巾操

让宝宝躺在浴巾中间,爸爸妈妈一人抓住浴巾的两个角,连宝宝带浴巾一起抬起来,左右摆动。如果宝宝没有害怕,可以增加摆动速度和摆动幅度。

三、动作训练

▲俯卧抬头训练

小儿在空腹时,放在床上俯卧,逐渐延长俯卧时间;爸爸妈妈用色彩鲜艳带响的玩具给俯卧的孩子看,再将玩具慢慢向上移动,逗引小儿抬头。当小儿用双臂支撑前身抬头时,家长将玩具举在小儿的头前,左右摇动,使他向前、左、右三个方向看,用肘部支撑,使头抬得更高些,锻炼颈椎和背部肌肉。

▲俯卧支撑训练

宝宝俯卧位,爸爸妈妈可站在孩子的头前与他讲话,使孩子能用其前臂支撑上身,将胸部抬起,抬头看家长。同时,还可在孩子的前方用玩具逗引,从左到右、从远到近移动玩具,观察其抬头和转头动作。每日数次,每次数分钟。

▲拉坐训练

宝宝仰卧位,爸爸妈妈握住小儿的手,将他缓慢拉起,注意让小儿自己用力,父母仅用很小的力气。以后逐渐减力,或仅握住小儿的手指。这样可使宝宝的头伸直,呈坐姿时躯干上部挺直,但腰部后弯,还不能挺直。应注意,拉坐练习是让小儿借助家长的轻轻帮助,自己用力坐起。如果小儿被成人拉坐起来时,手无力屈肘,头部低垂,表示还不宜做这个动作,必须先进行俯卧练习,强化颈背肌肉及上肢肌肉力量,过些时候再进行练习。

▲靠坐训练

将孩子置于扶手椅上,家长给些帮助让小儿紧靠着椅背坐着,大人可酌情给宝宝一些支撑,保持腰、背成一条直线。随着练习的发展,可按实际情况逐步减少支撑。如果孩子适应,每天可练习 2~3 次,每次 5~10 分钟。

▲主动翻身训练

小儿仰卧时,家长拍手或用玩具逗引使他的脸转向侧面,并用手轻轻扶背,帮助他向侧面转动。注意衣物及包被保持足够的活动度,注意婴儿的安全。当他翻身向侧边时,家长用语言称赞他,使小儿情绪愉快,再从侧边帮助他转向俯卧,让他俯卧玩一会儿,将他翻回仰卧,休息片刻再玩。每日训练 2~3 次,左右翻身各 1~2 次。

▲继续翻身训练

小儿仰卧时,由于其头和胸部已经能够抬起,甚至有的宝宝双腿也能离开床面,此时身体可以腹部为支点,在床上翻身打滚。如果家长用手抵住足底,用玩具在前面逗引,孩子还会出现向前爬行的动作。当孩子处于仰卧或俯卧位,并已翻身向侧边时,家长可用玩具逗引或用语言鼓励,使宝宝情绪愉快。如果再从侧边帮助一下,可使小儿从仰卧转向俯卧,再从俯卧转回仰卧。往返练习翻身一次后,要注意休息片刻再开始玩。

▲跳跃训练

双手扶着婴儿腋下,让婴儿在平坦的台面或腿上跳跃,为站立行走打下基础。

▲抓握训练

将玩具拿到宝宝的面前摇晃,使其注视和伸手去抓到玩具,继续培养孩子伸手取物的能力。如果小儿主动抓不到玩具,可将玩具直接放在他的手中,使宝宝抓握物体,放开后,继续教他主动抓握。

▲准确抓握能力训练

把孩子抱在桌前,桌上放几种不同的玩具,让其练习抓握。每次放 3~5 种玩具,经常变换,可以从大到小,反复训练他准确的抓握能力。

▲伸手抓握能力训练

将小儿抱成坐位,面前放一些彩色小气球等物品,玩具可从大到小。开始训练时,玩具放在宝宝一伸手就可抓到的地方,逐渐移到远一些的地方,让孩子伸手去抓握。接着再给他第二个小彩球让他抓,观察他是否继续伸手向远处抓,是否会将彩球从一只手倒到另一只手。

▲伸手够玩具训练

将挂着的带响声的玩具,拿到小儿面前摇晃,使其注视,然后将玩具放在孩子胸前,其高度应是小儿能看到、伸手可抓到的地方,激发他去碰和抓。如果小儿抓了几次,仍抓不到玩具,就将玩具直接放在他的手中,使其握住,然后再放开玩具,教他学抓。若小儿只看玩具,不伸手抓,可用玩具触他的小手,逗引他伸手抓,或将玩具放在他手中摇晃他的手,使玩具发响并逗引他听。

▲伸手并接近物体训练

抱孩子靠在桌前,另一人在距孩子1米远处用玩具逗引他。观察他是否注意与玩具接近,逐渐缩短距离,让孩子一伸手即可触到玩具。如果孩子不会主动伸手朝玩具接近,可引导他用手去抓握、触摸和摆弄玩具。

▲手部动作训练

通过伸手够物来延伸小儿的视觉活动范围,使小儿感觉距离、理解距离,发展手眼协调能力。选择大小不一的玩具,来训练小儿抓握,促进手的灵活性和协调性。通过游戏,小儿玩不同玩法的玩具,如摇晃、捏、触碰、敲打、掀、推、扔、取等,使他从游戏中学到手的各种技能。

▲手指运动训练

把一些易于孩子抓握和带响的玩具摆放在宝宝的面前,首先让他观察到,再鼓励他用手去抓握这些玩具,并在手中摆弄,从而练习他拿着玩具又敲又摇的能力。有的孩子还会接着出现推、捡的动作,以此训练小儿拇指和其他四指间的协调动作。

▲全身训练

继续婴儿被动操训练(见 P177)。

四、语言训练

▲练习发音

母亲要经常与孩子谈话并逗引和鼓励孩子发音。当孩子发音时,母亲要及时应答,这样可以使孩子愉快、兴奋,并会再发出声音。孩子会咿咿呀呀,发出像说话般的声音,好似在和大人"说话"。家长也可面对孩子,结合实物,一字一句地发出单个音节,让宝宝看着口形模仿。从这种交往中,使孩子建立起一种非常原始的自信。

▲逗引学发声

在孩子清醒时,家长面对孩子,不断和他"交谈"或逗引,激发其咿呀作语,且逐渐增加发声的时间,也可能会发出笑声。拿一个色彩鲜艳带响的玩具,在孩子面前一边摇一边说:"宝宝,拿(ná)!""拿(ná)!"鼓励孩子也能发出"ná"音。再如看印有骏马的图画,说:"这是大马(mǎ)的马(mǎ)!""马(mǎ)!"鼓励孩子发出此音。

▲叫名字

家长用亲切的声音在小儿背后叫他的名字,当小儿转头向家长时,要亲切和蔼地向孩子笑笑,并说:"啊,是在叫你呀!真乖。"逗小儿发出声音。

▲唱儿歌

如念:"小耳朵,灵灵灵,样样声音听得清。""小嘴巴,用处大,吃饭唱歌全靠它。""布娃娃,我爱它,抱着娃娃笑哈哈。"等。

▲经常和孩子说话

每当喂奶、换尿布等时,可经常边说边喂,边说边换尿布;爸爸上班外出,对孩子讲:"宝宝,我上班去了,再见!"下班回家时可说:"宝宝,你好吗?"等。要不厌其烦地说,对促进小儿语言发展有好处。

五、玩具与游戏训练

▲逗引发笑

家长要经常通过各种方式逗引孩子发笑,并伴以四肢活动。经常抱着孩子亲吻、抚摸、说话、唱歌,以逐步建立起亲子感情。

▲藏猫猫

家长面对面看着孩子,而后拿出一张白纸,突然遮住自己的脸,稍过片刻后忽然又将纸拿开,看着孩子,反复进行几次,并在揭开纸的时候,发出"喵"的声音,同时发出笑声。这时,孩子也会高兴地发出笑声,并伴有手舞足蹈的肢体活动。

▲见亲人或食物兴奋

爸爸上班去了,一天都没在家。回到家里的第一件事,就是要和孩子"说话",交流情感,还要主动逗着他玩或给他放音乐。时间长了,便建立起感情,以后宝宝看到爸爸回来,便会主动发笑,四肢活动,表现出兴奋的样子。同样,每天用固定的餐具喂孩子,时间长了,特别是在他有饥饿感时,看到食物或餐具,他都会表现出兴奋的样子。家长还在喂哺前穿插一些相关的语言,逗引孩子,时间长了,只要听到声音他就会兴奋起来。

▲举高高

爸爸将孩子抱好,然后高高地举起来,接着再放下来。可以穿插一些相应的语言,孩子一般会很高兴的。但一定要注意安全,不能吓着孩子。连做几天后,只要爸爸抱起孩子,孩子便会做出准备举高的动作,同时也逗得孩子高兴,从而增进父子亲情。

▲照镜子

家长和孩子一起拿着镜子照,一会儿照,一会儿拿走镜子,让宝宝看到镜中的影像,反复进行,引起孩子的兴趣。有时,面对镜子宝宝会把手放在镜上摸一摸,通过触摸感觉自己的手。照镜子时还可对小儿讲:"你看镜子里是谁?是棒棒(孩子名字)吗?"等等。鼓励孩子发音。

六、道德与习惯培养

▲睡眠习惯

白天好好玩,晚上才能好好睡。入睡困难、睡不踏实甚至半夜哭闹是家长抱怨最多的内容,除了前一个阶段没有养成好习惯,或者少部分宝宝肚子不舒服等毛病,最常见的两大原因,一是清醒时游戏活动不够,宝宝飞速增长的旺盛精力没有得到有效释放;二是家长把孩子捂得太多,热得他无法入睡。印度有一个谚语叫作"你可以强迫我闭上眼睛,但谁都无法强迫一个人入睡",对孩子来说这同样适用,如果孩子不想睡你根本就不可能把他真正哄睡,可宝宝要是玩累了真要睡了,你拦也拦不住,喊都喊不醒。夜间如小儿不醒,尽量不要惊动他。

▲苏醒操

做苏醒操之前,操作者洗净双手,修剪指甲,除去手上所有的饰物。有条件的,可以为宝宝配备一些音乐,营造一种柔和、舒缓、安全的氛围。将双手置于宝宝头部两侧,大拇指放于眉心,由眉心向太阳穴滑动;将双手大拇指置于宝宝下颌正中,由下颌轻轻滑到耳垂下方。操作时,要求动作流畅、力度适中,在操作过程中,操作者可以轻轻呼唤宝宝的名字。

▲饮食习惯

宝宝满3个月就可以减少每日喂养次数。夜间视小儿需要进行哺喂,一般1次即可,若小儿夜间不醒或不愿进食,可以不喂。

▲卫生习惯

宝宝会从成人的行为、表情和语调中学习,逐渐理解什么可进食,什么不可以放入口中。

▲交往能力培养

微笑迎人。当孩子清醒时,家人突然出现在他的面前,看着他但不做任何表示(指说、笑、逗等),孩子看着看着有时面部会露出微笑。宝宝和妈妈一起照镜子,在镜子里观察彼此的五官和表情,配合相关的语言和动作,逗引孩子发出笑声。培养孩子微笑迎人的交往能力。

第四步：6个月，学习爬行

一、发育与评价（体格、智能）

正常男童满6个月身长、体重、头围、胸围测量值

项　　目	X－2S	X－S	X	X＋S	X＋2S
身长（厘米）	64.6	67.2	69.8	72.4	75.0
体重（千克）	6.69	7.72	8.75	9.87	10.81
头围（厘米）	41.4	42.8	44.2	45.6	47.0
胸围（厘米）	39.7	41.8	43.9	46.0	48.1

正常女童满6个月身长、体重、头围、胸围测量值

项　　目	X－2S	X－S	X	X＋S	X＋2S
身长（厘米）	63.3	65.7	68.1	70.5	72.9
体重（千克）	6.27	7.2	8.13	9.06	9.99
头围（厘米）	40.5	41.8	43.1	44.4	45.7
胸围（厘米）	38.7	40.8	42.9	45.0	47.1

宝宝6个月时的智能水平

粗大运动	可以仰卧翻身，独坐片刻
精细动作	会撕纸，会用手扒到一块积木
语言能力	叫名字转头
适应能力	两手同时拿住两块积木，玩具失落会找
社交行为	自喂饼干，会躲猫猫

二、感官训练

1. 视觉刺激

培养小儿观察力和对图片、文字的注意、兴趣，培养小儿对书籍的爱好。

▲看一看,摸一摸

准备各种图形卡片,准备水果、蔬菜若干。宝宝对黑白两色的图形比较感兴趣,妈妈可以将一些靶心图、棋盘图等,挂在床边让孩子看;还可以将颜色鲜艳的图形卡片贴在墙上,或者将彩色纸张剪成各种图形贴在墙上,经常抱着孩子去看一看,握着他的小手去摸一摸。

爸爸妈妈也可以让孩子去看一看、摸一摸生活中的许多物体,让他通过视觉、触觉等感觉器官来感知不同形状的物体。如摸一摸洗净的水果、蔬菜,一边让孩子摸,一边对他说"圆圆的西红柿""长长的黄瓜"等。

2. 听觉刺激

积极为婴儿创造语言环境,使其熟悉语言和渐渐理解语言。

▲音乐启蒙

早晨起床时,播放悦耳、提神的音乐;晚上睡觉时,放一段温柔、安静的摇篮曲;抚触、被动操、游戏时,配上一些活泼有趣的音乐;选择一些富有情趣的、歌词生动的、容易理解的歌曲让他学唱,如《小白兔》《小老鼠上灯台》;还可以教孩子拍拍手、跺跺脚,训练孩子的节奏感。经常带孩子到郊外去感受来自大自然的声音,如听听鸟儿婉转的叫声、呼呼的风声、虫子唧唧的叫声等,激发孩子对音乐的热爱。

▲创造多种声音的环境

在活动中为宝宝创造环境,如可以录制一盘经常听到的声音的磁带,像自来水的流水声、房间里的脚步声、常见动物的叫声等经常放给宝宝听,培养宝宝的倾听习惯。常带宝宝到动物园、公园等自然环境中,聆听动物的叫声、流水声等,都可以促进其听觉的发育。

▲咯咯声

宝宝满6个月,他们很喜欢摇晃和挤压玩具。把豆子装到塑料瓶里,就制成了会发出响声的"咯咯瓶"。宝宝很喜欢摇"咯咯瓶",很乐意探究这种带响的玩具。但要确保所有的盖子都拧得很紧,以免宝宝吞下容器内的东西。

3. 味觉刺激

宝宝6个月就该添加辅食了,因为宝宝的味觉、嗅觉在6个月到1岁这一阶段最灵敏,是添加辅食的最佳时机。通过品尝各种食物,可促进宝宝对很多食物味觉、嗅觉及口感的形成和发育,也是宝宝从流食—半流食—固体食物的适应过程。

4. 触觉刺激

继续婴儿抚触(见 P173)。

5. 位置觉(平衡)刺激

▲坐摇篮、吊床

爸爸妈妈把孩子安置在摇篮或者吊床里或者抱在怀里,一边带着快乐、舒服的表情念儿歌,一边荡着孩子;反复训练,宝宝会产生配合儿歌和摇动节奏的韵律感,即使妈妈的摇动停止,孩子也会随着儿歌自己晃动。训练时要让孩子保持一个舒服的姿势,最好半躺半坐,这样能使孩子有更开阔的视野。

三、动作训练

▲独坐训练

当小儿能稳定地独坐后,可着重训练小儿的平衡能力。让小儿独坐在床上或地铺上,训练小儿坐着转头转身的平衡能力。准备一张适中的小凳子,孩子坐上去时,双脚刚好可触及地面,而且脚掌与小腿、小腿与大腿、大腿与躯干的角度均呈直角。家长用手扶住孩子大腿,不要扶他的背,让他自己找寻平衡点。待孩子坐直后,成人可试着松开一只手,只用一只手扶住孩子一侧的大腿,另一只手以玩具吸引小儿转头转身寻找玩具。左右交替诱使小儿左右侧转。在学习转侧中寻找平衡点,并且练习用脚来支撑身体。

▲爬行训练

爬行使婴儿能够主动地移动身体,去探索周围的事物,大大地提高了婴儿的认知范围。爬行动作是依靠颈背部及四肢肌肉的力量和协调动作完成的。宝宝满 6 个月以后,已具备翻身、坐等一系列能力,说明其颈背部及四肢肌肉已较有力量并具备一定的协调性,这时就可以训练爬行了。

(1)爬行预备动作。家长用一手抱着婴儿的膝部,另一手环抱在他胸前,让孩子双手放在桌上或地上来支撑身体。然后家长可慢慢放松放在小儿胸前的手,鼓励小儿直立支撑自己。每日练习 1~2 次,视小儿耐受情况,决定练习时间,一般每次 3~5 分钟。

(2)爬行方法。使小儿趴着,两腿伸直,手肘弯曲支撑上半身。家长可推小儿的足底,左右交替地弯曲其膝关节,助其向前爬行。重复2~3遍,每日1~2次。在小儿前方放一个他感兴趣的玩具,引诱他爬过去取玩具。

▲手部动作训练

(1)拇指、食指准确捏取训练。爸爸妈妈先示范,用拇指、食指捏取物体或玩具如积木,然后让宝宝自己练习准确用拇指、食指捏取物体的精细动作,教宝宝有意识地把玩具拿起来,把玩具放下去,而不是扔掉。加强手指动作的灵活性和视觉—触觉—动作的协调性。

(2)双手协调动作训练。①双手倒玩具。在小儿准确抓握的基础上可给小儿多个玩具,训练他抓住一个再抓一个,或向小儿同一手上送玩具两次,教小儿学会将玩具从一手换到另一只手上再取第二个玩具。②双手对击玩具。当小儿两手均有玩具时,可教小儿两手对击玩具。还可让小儿两手持细柄玩具如摇铃或汤匙,模仿敲鼓动作,双手轮回敲打面前的小桶或空奶粉桶。③教宝宝双手协调的撕纸动作。

▲起立、坐下训练

第一步:拉站。第二步:从站位至坐下。

▲全身训练

继续婴儿被动操训练(见P177)。

四、语言训练

引导小儿主动发音和模仿发音,积极为婴儿创造良好的语言环境。

▲学说话

宝宝满6个月,就已经会咿咿呀呀地发音了。如果东西掉到地上,孩子会跟着说"咚咚";听到小鸟的叫声,自己也会"叽叽喳喳"。这时爸爸妈妈可以把孩子发出的声音录下来反复播放,鼓励他再发出声音,家长和孩子一起说,使他的声音持续得更长些。把这些资料保留起来,作为孩子学说话的记录,以后再听也会很有趣。妈妈还可以利用广告和商品的包装来教孩子看图识字。如买东西先让孩子看包装,买回来后把包装上的标志和一些有用的东西剪下来,作为孩子认字和了解各种事物的素材。

五、玩具与游戏训练

▲滚动的红苹果

令宝宝俯卧,双臂曲于胸前。爸爸妈妈拿一个红苹果放在孩子面前,让孩子看一看、摸一摸、闻一闻,吸引孩子注意。妈妈把苹果推一下,让苹果向远离孩子的方向滚去,吸引孩子抬头并用目光追随苹果看去。在孩子还不会爬的时候,不要把苹果推得太远,否则孩子容易产生挫败感而放弃游戏,要让孩子伸手就可以够取。游戏中孩子需要一点一点地接近目标,能锻炼孩子的意志力和耐心,提高克服困难的勇气。

六、道德与习惯培养

▲饮食

随着小儿年龄的增长,喂养次数每日可逐渐减到4～5次;宝宝满6个月就可以开始加辅食了(必需的);定时进餐,有助于消化系统有节律地工作;训练进食自理的能力。在吃的问题上,家长只能做个观察者和引导者,绝不能做独裁者,要相信宝宝自己有能力,还要懂得他有权利决定怎么吃,尽管家长常常知其然,但吃或不吃,宝宝有决定的权利。

▲训练用杯子喝水,用小勺吃东西。

▲教会小儿在大小便前有所表示。

▲睡眠

白天睡眠次数可逐渐减至每日2次,每次睡眠时间1～2小时。

▲教小儿配合成人穿衣、戴帽、穿袜、穿鞋等。

这不仅能培养小儿生活自理能力,而且能强化左右的方位意识。

▲养成良好的习惯,培养饭前、便后洗手,睡前洗脸,能自己安静入睡的习惯。

▲交往训练

学习与人交往,认识家里的人或生人,让小儿多与人交往,对生人不害怕;布置一些与家长交往场景,教宝宝做一些游戏,如:拍手欢迎、摆手再见等一些简单的手势语表达。让小儿知道相应的物品，如：灯在哪里？电视在哪里？图片中大汽车是哪个？叫宝宝的名字有反应（转头或停止手上所做的事）。发清晰的音，如爸爸、妈妈等，从无意识到有意识，帮助小儿扩大发音的范围。

第五步：9个月，学习站立

一、发育与评价（体格、智能）

正常男童满9个月身长、体重、头围、胸围测量值

项　目	X－2S	X－S	X	X＋S	X＋2S
身长（厘米）	68.9	71.5	74.1	76.7	79.3
体重（千克）	7.5	8.57	9.64	10.71	11.78
头围（厘米）	43.1	44.4	45.7	47.0	48.3
胸围（厘米）	41.3	43.3	45.3	47.3	49.3

正常女童满9个月身长、体重、头围、胸围测量值

项　目	X－2S	X－S	X	X＋S	X＋2S
身长（厘米）	67.1	69.8	72.5	75.2	77.9
体重（千克）	7.01	8.01	9.01	10.01	11.01
头围（厘米）	41.9	43.2	44.5	45.8	47.1
胸围（厘米）	40.4	42.4	44.3	46.3	48.2

宝宝9个月时的智能水平

粗大运动	会爬,拉双手会走
精细动作	会用拇指、食指捏小丸
语言能力	会欢迎、再见
适应能力	从杯中取出积木,用积木对敲
社交行为	表示不要

二、感官训练

1. 视觉刺激

▲更新视觉刺激

爸爸妈妈利用新图片、新玩具不断更新视觉刺激,扩大小儿的视野。教宝宝认识、观看周围生活用品、自然景观,激发小儿的好奇心,发展小儿的观察力。

▲识图认物训练

识图训练:把很多图片放在一起,让宝宝把自己想要的图片找出来。

认物训练:结合照镜子,让宝宝认识自己的五官。

▲认识颜色

准备各种颜色鲜艳的纸或彩色认知卡片给宝宝看。目的在于培养宝宝的色彩感,还可以提高宝宝将视线集中于一处的能力。

▲找玩具

经常给宝宝看一些形象逼真的玩具和图片,并告诉他玩具、图片的名称,逗引宝宝用眼去寻找,用手去指,反复练习可促进宝宝的听视觉和动作协调发展。

2. 听觉刺激

▲积木发声

给宝宝两块积木(不易敲碎),让他一手拿一块,然后相互撞击,发出声响。开始的时候,爸爸妈妈可以扶着宝宝的双手,教他撞击。这样家长还可以控制撞击的力度,让宝宝感受到,用力撞击时,发出的声响会大些;用力小的时候,声响也会变小。

▲听钟表的声音

拿一个"嘀嗒、嘀嗒"响的钟表靠近宝宝的耳朵,让他听秒针跳动的声音。宝宝通常都会被钟表的声响所吸引,并产生好奇心。这对锻炼宝宝辨别声音细小差别的能力很有好处,在刺激听觉的同时,还可以提高宝宝的注意力。

▲听动物的叫声

准备一些动物玩具,给宝宝看,或者让他摸一摸。同时,爸爸妈妈模仿动物的叫声,给宝宝听。还可以给宝宝展示一下不同动物相应的表情或动作特点。此游戏可以同时刺激宝宝的视觉、触觉和听觉。

3. 触觉刺激

▲揉纱巾

准备一些漂亮的纱巾,让宝宝随意地抓、揉、拽等。这样可以很好地锻炼宝宝的小肌肉力量,也可以促进触觉的发育。

▲摸玩具

准备触感、质地不同的各种物品,如皮球、毛绒熊、布娃娃、塑料玩具等,让宝宝直接摸着玩儿。在孩子触摸的过程中,成人可以用语言为他描述,比如,"这是圆圆的皮球,这是软软的毛绒熊……"宝宝在摸的过程中,可以体会不同物品的不同触感。同时,通过成人的语音刺激,还可以促进宝宝语言的发展。

▲继续婴儿抚触(见 P173)。

4. 位置觉(平衡)刺激

▲滚龙珠

宝宝趴在大龙珠(大的球体)上,抓着宝宝两脚,向前推,龙珠和宝宝往前滚;拉向后,龙珠和宝宝向后滚。宝宝也可以仰躺在大龙珠上,做同样的动作。

▲小摆钟

妈妈站在宝宝后面,双手从宝宝腋下将其抱起,使宝宝腰及下肢小幅度左右摆动,待宝宝适应后,再逐渐加大摆动的幅度。

▲抱着孩子转圈

孩子精神状态良好时,妈妈抱着孩子向不同方向转。同时要温柔地对孩子说:"向左转转,向右转转,再转回来。"可以让孩子的背部朝向妈妈,也可以让孩子的脸朝向妈妈。转圈的同时,可以哼唱旋律简单的儿歌、童谣等。

妈妈还可以抱着孩子,让其背部冲着妈妈,脸朝着站在对面的爸爸。抱着孩子旋转180°时,妈妈对孩子说:"爸爸现在不见了,爸爸在我们的后面。"当转到360°时爸爸会再次出现在孩子的视线中,这时爸爸说:"爸爸在这里,爸爸又看见你了。"

▲抱着孩子跳舞

在安静的室内播放简单、快乐、轻松的曲子。把孩子抱在怀里,看着孩子的眼睛,询问:"妈妈可以跟你跳个舞吗?"在孩子耳边哼着歌,用一只手托着他的头部,一只手抱着他的背部,随着音乐向前、向后晃动孩子的身体。曲子结束时,向孩子表示感谢:"这感觉真棒,谢谢你和妈妈一起跳舞。"

三、动作训练

▲仰卧起坐训练

让宝宝仰卧,妈妈拉着宝宝的双手让宝宝坐起;再做推的动作,让宝宝躺下。如此一般坐起、躺下,每天 2 次,每次 3～5 分钟即可,可增强宝宝腹部和背部的肌力。

▲弹跳站立训练

妈妈坐着,用双手扶着宝宝腋下,让他在妈妈腿上弹跳,这样可促进宝宝腿部的伸展力量;还可以让宝宝站在茶几前,把宝宝喜爱的玩具放在上面,让宝宝站着玩玩具,这样可训练宝宝腿部的耐力及稳定性。

▲弯腰拾物训练

让宝宝扶着小床的栏杆,然后把一个玩具放在宝宝脚旁,引导宝宝弯下腰拾起脚旁的玩具,宝宝拾到玩具后妈妈应加以称赞并亲吻宝宝,激发宝宝的兴趣。

▲继续爬行训练

(1)追逐爬行。好胜心是人的天性。爸爸妈妈要充分利用这一点,和宝宝做轮流追逐游戏。游戏时,先让宝宝在前面爬,妈妈假装抓宝宝,并在后面说:"快抓住你了,快爬呀!"然后交换角色,妈妈在前面爬,宝宝在后面追,并用话语激发宝宝:"宝宝,快来抓妈妈!"妈妈有意慢慢爬,以便让宝宝抓住,等宝宝抓住妈妈之后,当然要给予表扬。

(2)爬行比赛。在毯子的一头放一个宝宝喜爱的玩具,然后妈妈和宝宝同时从毯子的另一头开始爬,看谁先拿到玩具。做这个游戏时,妈妈和爸爸要互相配合,一个人与宝宝比赛,另一个人当啦啦队和裁判。此游戏不仅可以锻炼宝宝的体力,而且还能激发宝宝的好胜心。

(3)军事爬行。仿照军训的科目设置各种有趣的爬行游戏。爸爸趴在毯子上,让宝宝从爸爸的肚皮底下爬过,做"钻山洞"游戏;爸爸躺在毯子上,让宝宝从爸爸的身体上爬过,做"突破封锁线"游戏。妈妈在一旁给宝宝鼓劲加油,激励宝宝往前爬。

▲独坐转头、转身练习

当宝宝独坐稳定后,着重训练小儿坐着转头、转身的平衡能力。准备一张适中的小凳子,孩子坐上去时,双脚刚好可触及地面,而且脚掌与小腿、小腿与大腿、大腿与躯干的角度均呈直角。家长用手扶住孩子大腿,不要扶他的背,让他自己寻找平衡点。待孩子坐直后,家长可试着松开一只手,只用一手扶住孩子的一侧的大腿,另一手以玩具吸引小儿转头转身寻找玩具。左右交替诱使小儿左右侧转,在学习转侧中寻找平衡点,并且练习用脚来支撑身体。

▲扶站训练

训练小儿站立时,可将其双腿略分开,以降低重心,使之站得更稳;可扶着小儿腋下让他练习站立;也可以让小儿扶着小车、床、栏杆及椅背等练习站立。但是每次扶站时间不宜过久。

▲手部动作训练。

学习拇指、食指准确捏取,以加强婴儿手指动作的灵活性和视觉、触觉活动的协调。选择一些小的可食用物品,如米花、小饼干等,让小儿捏取。教的时候家长可给予示范,如用拇指、食指捏取饼干放入口中,让小儿模仿练习。

双手协调动作。①双手倒玩具:在小儿准确抓握的基础上可给小儿多个玩具,训练他抓住一个玩具后再抓另一个玩具,或向小儿同一只手上送玩具两次,教小儿学会将玩具从一只手换到另一只手上后再取第二个玩具。②双手对击运动:当小儿两手均有玩具时,可教小儿两手对击玩具。还可让小儿两手持细柄玩具如摇铃或汤匙,模仿敲鼓动作,双手轮回敲打面前的小桶或空奶粉罐。③教小儿双手协调地撕纸。

训练小儿遵循指令有意识地拿起、放下玩具。投掷游戏可增强小儿上肢的运动能力与手的控制技巧,提高视觉定位能力,激发小儿积极愉快的情绪。准备一个容器(如纸盒或小桶)和一些彩色塑料小球,先给小儿做示范说"我们来比赛扔球",将小球一个个扔进容器里,然后让小儿模仿。开始时,可将容器和球放在接近孩子身体的地方,随着小儿能力的提高,可逐渐将容器前移。游戏可增进亲子交往,激发小儿积极愉快的情绪。

▲举腿训练

令宝宝仰卧,首先缓慢轻柔地分别将宝宝的两腿举起,放下;然后同时举起他的双腿,放下;最后举起宝宝的双腿,并慢慢地将双腿前曲直至贴到他的胸部。

▲学"走路"(肢体动作)

家长坐在直背椅上,将宝宝放在自己的脚踝上,面朝家长。然后家长抓着宝宝的手或将手放在宝宝的腋下,随着轻快的音乐旋律使自己的腿前后运动,训练宝宝在家长脚踝上"走路"。

▲自制"道路"

用不同材质的地毯(毛的、布的、麻的、革的等),铺成一个有趣的"小路",让宝宝沿着"小路"爬,体会不同质地的物质。这些东西用过后放起来收好,过些天可以将它们以不同的顺序排列成另一条"小路"。

▲做个牵拉玩具

收集一些宝宝喜欢的瓶子和玩具,用绳子把它们系在一起,留出足够长的一段绳子,让宝宝可以拉着这些玩具玩。一开始可以系两三样东西,教他如何一边拉着玩具玩一边唱歌。以后可逐渐增加玩具的数目。

▲扔球游戏

准备一个小球(乒乓球)及一个空塑料盒,让宝宝坐在地板上,把塑料盒放在他前边。把小球放在他手中,并让他把手悬于塑料盒上方,然后让他张开手,使小球落入塑料盒中。当听到小球撞击塑料盒时,家长可口中发出"嘭"的声音。重复若干次,宝宝很快就可以自己扔球了。

▲学站训练

在小儿坐得稳当、爬得灵巧后开始向直立发展,此时家长可扶着小儿腋下让他练习站立,或让他扶着小车栏杆、沙发及床栏杆等站立。爸爸妈妈可用玩具或小食品吸引小儿的注意力,延长其站立时间。

在以上练习完成较好的基础上,可让小儿不扶物独站片刻。也可在小儿坐的地方放一张椅子,椅子上放一个玩具,大人逗引他去拿玩具,鼓励他先爬到椅子旁边,再扶着椅子站起来。大人是小儿扶站的最好"拐棍",必要时可站在小儿旁边,让小儿抓住成人的手站起来。通过扶站练习,可以锻炼小儿腿部的力量,为以后独站、行走打下基础。

▲捏起细小的东西

把清洗后蒸过的葡萄干取少许放在小盘子里。妈妈和宝宝都把手洗净,妈妈用食指和拇指捏一个葡萄干放到嘴里,也给宝宝一个,让他咀嚼。宝宝也想自己拿,就会把整个手放在盘子里粘满葡萄干,但却吃不到嘴里,妈妈替宝宝把葡萄干弄下来,然后给宝宝做示范,用食指和拇指轻轻捏取,捏到一个就能吃到一个,让宝宝慢慢练习自己捏取葡萄干。

妈妈故意把小珠子、小扣子等放在床上,请宝宝捡起来给妈妈。当宝宝会用食指和拇指把小东西捏起来交给妈妈时,妈妈不要忘记抱起宝宝亲一下表示鼓励。

▲全身训练

开始婴儿主被动操训练(见 P178)。

四、语言训练

▲发音训练

妈妈拿一个带响的玩具,一边逗孩子玩一边喊:"宝宝 ná(拿)住。"逗孩子抓玩具、学发音,训练一段时间后,注意孩子能否发出"妈""拿"等近似音。妈妈在教发音时,要放慢速度,一次只教一个辅音,孩子学会后再学新的。与孩子面对面,用愉快的口气与表情发出"mā mā""bà bà""dà dà""ná ná"等声音。注意逗引孩子注视妈妈的口形,每发一个重复音节时应停顿一下,给孩子模仿的机会。

▲说话训练

(1)在生活中要用简短明了的语言与宝宝交流,如:"宝宝,来吃饭!""我们出去玩。""看,爸爸回来了!"。

(2)多和宝宝一起读低幼读物。其内容最好关于动物、玩具或孩子熟悉喜欢的事物,大人应尽量以一两个简单的单词告诉宝宝每页图片中的内容,如用手指着图片说:"这是熊猫,熊猫。""小狗,汪汪叫。""汽车,嘀嘀嘀。"

(3)经常对宝宝进行身体语言的训练。要多用生活中的情境教宝宝学会用动作、表情等身体语言来表达大人说话的意思,如"再见""谢谢""欢迎""喜欢""想要""不要"等。

五、玩具与游戏训练

▲模仿妈妈做动作

妈妈把宝宝抱在怀里,说:"小脑袋摇一摇。"同时做摇头的动作,鼓励孩子模仿。妈妈说:"小眼睛眨一眨。"同时做眨眼睛的动作,让孩子模仿。妈妈说:"小手指挠一挠。"同时伸缩手指做抓挠的动作,一边说一边握着孩子的手腕引导孩子模仿。

▲搭积木

能搭起两块积木,将手中的物品放在小瓶子里,训练手的控制能力。

▲抓铃铛

协助孩子舒适地坐好。摇动铃铛,让孩子熟悉它的声音。然后把铃铛系在支架上,示范用手触碰它发出声音。拿着孩子的手去触碰铃铛,反复触碰。鼓励孩子自己伸手抓铃铛、摇铃铛。

▲照镜子

给宝宝穿上色彩鲜艳的衣服,让他照镜子、让孩子自发地触摸、拍打镜中的妈妈和自己。妈妈对着镜子做表情,让孩子对着镜子模仿。

▲揭和盖

揭盖子:把小玩具放在杯子里,盖上杯子盖。妈妈把杯子盖揭开,给宝宝看看杯子里有玩具。重复几次后,就可以让孩子藏玩具、揭盖子,参与游戏。

盖盖子:妈妈把盖子取下来放在一边,对孩子说:"杯子里的玩具要睡觉,宝宝盖上盖子,让它好好睡觉好不好?"然后让孩子尝试自己去盖盖子。

▲给宝宝惊喜

其实只要父母肯动脑筋,可以一直给宝宝小惊喜。比如和宝宝玩躲猫猫的游戏,当你从毛毯里面露出头再轻轻地怪叫一声,肯定会把宝宝逗乐的。

▲踢皮球

双手扶住宝宝腋下,移动他的身体,让他的脚朝皮球踢去。玩几次后,可以抓住宝宝的双手,让他自己去踢球。宝宝会很快找到踢球的方法。这个时候,松开他的小手,让他自己踢。但你要在他身边保护着他,在他要摔倒的时候扶住他。

▲开火车

让宝宝充当小火车,爸爸一会儿双腿分开扮演隧道,让宝宝从两腿中间爬过去;一会儿俯卧在地扮演高坡,让宝宝从爸爸身上爬过去。玩时爸爸还可以在旁为宝宝配音:"呜——库库。"目的在于提高宝宝的爬行和运动能力。

▲玩具猫猫

爸爸可以当着宝宝的面,将他的玩具藏在一个小桶里,然后让宝宝去找。宝宝会拿着桶,摆弄来摆弄去,想办法将里面的玩具弄出来。你也可以"狠心"一点,当宝宝把玩具弄出来时,你可以再把玩具藏起来让宝宝继续找。找玩具的过程,不仅可以锻炼宝宝的思维,还可以提高手眼协调能力。

▲报纸球

可以把报纸揉成一个小球,然后和宝宝一起踢着玩、滚着玩、扔着玩。玩好之后记得把宝宝小手上的油墨彻底洗干净哦!

▲摸摸游戏

准备触感、质地不同的物品,如软皮球、硬纸壳、塑料玩具等,让宝宝直接摸着玩。在宝宝触摸的过程中,爸爸可以用语言为他描述,比如:"这是圆圆的皮球,这是硬硬的纸壳。"宝宝在触摸的过程中可以体会不同物品的不同触感,同时通过爸爸的语言刺激,还可以促进宝宝语言的发展。

▲打哇哇

即便在不高兴或是正在哭闹的时候,只要爸爸一打哇哇,他就会笑起来。通过这个简单的游戏,还可以检验宝宝的模仿能力,并且通过思考从中掌握技巧。这个游戏还能让宝宝掌握简单的节奏,并获得快乐,因为这是令他感到快乐的事!

▲放进和取出

把"旺仔小馒头"或钙片等较安全的小颗粒状物品或玩具从小盒子里取出来,再放进去,引导宝宝多做"放进"和"取出"动作。

▲捞鱼

家中的牛奶盒或果汁盒都是相当便利和好用的玩具素材。将纸盒剪成一条鱼的形状,用彩笔画上鱼的眼睛,让它浮在水面。鼓励宝宝用小碗去捞,或者将它们一条条排列在水面上玩,都很好。这些玩具还可以捞出来晾干,重复玩耍很多次。

▲扣扣瓶

准备各种颜色的纽扣若干,教宝宝将扣子一粒粒放入小瓶中,然后将瓶盖拧紧,做成一只扣扣瓶。

摇一摇,扣扣瓶就成了咯咯瓶。

数一数,扣扣瓶就成了数数瓶。

分一分,扣扣瓶就成了辨色瓶。

▲玩具不倒翁

先准备一个带声响的不倒翁,你先推几下让宝宝看看,然后再让他推着玩。玩的过程中,让宝宝学会观察,并能意识到推得轻,不倒翁摇的时间就短;推得重就摇的时间长。这个游戏可以开发宝宝的思维能力,使他意识到自己与客观物体之间的关系,有助于萌发自我意识。

▲不见的东西又回来了

爸爸妈妈可以挑选一个宝宝最喜欢的玩具,然后在宝宝面前用布盖住这个玩具,之后让宝宝寻找。如果找不到,你可以让宝宝看到玩具的一小角,他便会知道玩具就在布的下面。这时他会很快拿掉上面的布,整个玩具如他所料出现在眼前,便会给他带来很大的快感。这个游戏可使宝宝了解"看不见的东西仍然存在",从而让宝宝了解事物是客观存在的道理。

▲传递球

爸爸妈妈可以趴在宝宝的对面,把球推给他,鼓励宝宝再把球传递回去。这时,爸爸可以轻轻地提起宝宝,使他双脚离地,让他尝试去踢球。这样在运球的过程中,宝宝的视觉、肌肉能力和平衡能力都能得到很好的锻炼。而且在玩这个游戏的过程中,宝宝可慢慢地学着与他人协同合作。

▲追赶小游戏

先拿一个宝宝喜欢的玩具,在上面系一根绳子,然后把玩具放在宝宝面前让他看到。这时你慢慢拉动玩具,让它离宝宝越来越远,直到小家伙用手够不着为止。之后,你就鼓励宝宝爬过来抓住玩具。这时,只要宝宝能爬几下,你就要停下来让他抓住玩具,同时要表扬他一番。这个游戏可以促进宝宝爬行能力的发展,激发他勇于进取的精神。

▲捏小石子

先准备一个透明的杯子,并且要有盖子。之后在杯子里面装一些小石子,摇动杯子,使它发出响声,这时要让宝宝看到小石子在杯子里跳动的样子。之后打开盖子,让宝宝看到小石子,这时他会伸手去抓。但是由于石子很小,宝宝便会调整自己的手指抓的动作,逐渐用拇指和食指去捏。这个游戏可以锻炼宝宝拇指和食指配合捏物的灵活性,同时可以开发他的思维能力。

▲听命令

爸爸妈妈可以先递给宝宝一个玩具,之后鼓励他将玩具交给你,如果宝宝照你的话做对了,你就要给他一些好吃的食物表示赞扬。此外,当宝宝去碰一些危险或他不能动的物品时,你及时对他说"不能碰",并且还做出摇头的动作和不高兴的表情,以制止他。这个游戏可以让宝宝了解听命令这种行为规范,培养他的自我控制意识,从而发展宝宝的情商智能。

▲盒子里面有什么

爸爸妈妈先取一个圆形盒子,在里面放进两个铃铛或别的可以发出响声的小物品,然后将盒子放在宝宝的面前滚动一会儿,以引起他对盒子的兴趣。之后,你可以将盒子递给宝宝,再打开盒盖,取出里面的铃铛给他看看,让他摇摇听听。最后,再让宝宝将铃铛放入盒子内,盖上盒盖。这个游戏可以调动宝宝的好奇心,引起他对周围环境的探索渴望,从而主动地去发现事物的特征,在不断获取信息的同时增强观察力与思维能力。

▲看图书，讲故事

如果爸爸妈妈每天晚上能坚持给宝宝讲故事，这也是一个开发智能的好方法，也可以采取有问有答的方式讲述一些图书中的有趣故事，选择一些画面清楚、色彩鲜艳、图像大的画书，以简短生动有趣的方式给宝宝讲故事。书对宝宝来说是一种能打开合上、能学说话的玩具，因此，一般的宝宝都喜欢大人陪他看图书，讲书中的故事。尤其是这样耳濡目染，宝宝就会对书感兴趣，从而还可以开发宝宝的记忆能力。

六、道德与习惯培养

▲饮食习惯

给小儿喂养的次数可减为每日5次，间隔4小时左右，夜间停喂1次。可开始训练小儿用杯子喝水、用手拿东西吃，吃饭时教他用勺往嘴里送。这样既可发展小儿手眼动作的协调，还可为其今后的独立吃东西做准备。

▲大小便习惯

小儿已经能较稳当地独坐，而且由于辅食增加，大便次数也相应减少，每日1～2次，大便性状也逐渐接近成人，可根据婴儿排便规律安排小儿坐便盆的时间。一般在饭后10～15分钟或睡醒后立即坐盆，但最好安排在晨间起床时。便盆要放在固定的地方，每次用完洗净。婴儿坐盆要有专人照顾，每次坐盆时间不要超过5分钟，一日次数也不宜过多。坐盆时不能给小儿吃食物或让小儿玩耍。若小儿不愿，不要强迫其坐盆，以免对坐盆产生抵触情绪。

▲睡眠习惯

宝宝9个月了，不仅具有一定活动能力，而且容易接受任何环境，是培养小儿独自入睡习惯的良好时期。小儿半夜惊醒时，家长可去看看，安抚小儿，但不要将小儿抱到自己的被窝里，否则一旦养成习惯，孩子会要求大人陪伴，这会给家长带来不必要的麻烦，尤其对睡觉时间较晚或有夜间工作习惯的家长来说更是如此。此年龄小儿白天睡眠次数，一般仍为2～3次，每次2～2.5小时。

▲卫生习惯培养

培养宝宝配合妈妈做身体清洁工作，如洗手、洗脚、洗头、洗耳颈等；鼓励孩子自己主动洗漱，洗前卷袖口，洗时不溅水，洗后擦干手。

▲独立习惯培养

成人不必始终陪伴在小儿身边，小儿已有一定活动能力了，能翻身、独坐，并逐渐学会爬行，只要注意玩耍环境的安全，就可让小儿独立玩。如果孩子醒很早，家长还想多睡一会儿，家长可让闹钟在小儿通常醒来的时间 5 分钟以后再响，两天以后再推迟 5 分钟，以此类推，等闹钟响后，家长再起床。这样，小儿醒来，可能又重新入睡，或自己学会独立玩一会儿，等大人起床。如果小儿哭醒，大人也不必急于去照料他，这样他很可能会自己安静下来。家长应该抽出时间陪孩子玩，但不要在孩子每次哭闹后才陪孩子玩，以免小儿养成用哭闹要求家长陪伴的习惯。

▲社会交往能力的培养

培养小儿懂礼貌、乐于与人交往。这个时期小儿有一定的分辨能力了，可以认出自己家里的人，出现认生现象。对爸爸妈妈的认生也不是不好的现象，而是小儿发育的一个阶段。如果小儿特别认生，可暂避生人，先训练小儿多与熟人交往，慢慢地小儿对生人也能接受。因此，家长应努力创造条件，让婴儿多与小伙伴接触、交往，在与同伴交往中获得乐趣，从而促进其社会性发展。

第六步：1岁，学习走路

一、发育与评价（体格、智能）

正常男童满1岁身长、体重、头围、胸围测量值

项　目	X－2S	X－S	X	X＋S	X＋2S
身长（厘米）	72.5	75.4	78.3	81.2	84.1
体重（千克）	8.19	9.34	10.49	11.64	12.79
头围（厘米）	44.2	45.5	46.8	48.1	49.4
胸围（厘米）	42.6	44.6	46.6	48.6	50.6

正常女童满1岁身长、体重、头围、胸围测量值

项　目	X－2S	X－S	X	X＋S	X＋2S
身长（厘米）	71.2	74.0	76.8	79.6	82.4
体重（千克）	7.7	8.75	9.80	10.85	11.90
头围（厘米）	42.9	44.2	45.5	46.8	48.1
胸围（厘米）	41.6	43.5	45.4	47.3	49.3

宝宝1岁时的智能水平

粗大运动	独自可以站稳，牵一手可走
精细动作	可以把小丸放到瓶中，满把手握笔画道道
语言能力	叫妈妈爸爸有所指，向他要东西知道给
适应能力	会盖瓶盖
社交行为	穿衣知道配合

二、感官训练

1. 视觉刺激

▲多维物体观察

刚开始可以用比较单一颜色的图片，以后可以用多种颜色的物体；应用不同形状的物体如正方形、圆形、球形、半球形、楔形、不规则形状、长的、短的等给宝宝看。另外，建议多带宝宝到体育活动比较多的场合做视觉训练，如各种球类运动，因为球类的运动其方向性千变万化，再加上运动员身体移动，这样可以增强宝宝视觉范围的训练和感受，同时刺激大脑视觉反射区的发育和发展。

▲看图说话

将孩子喜欢的颜色、爱吃的食物等图片以及家人的照片塑封好订在一起，就制成一本属于孩子的第一本小儿图书，经常和孩子一起翻看这本自制书。妈妈可以把孩子抱在怀里，引导孩子一页一页地翻书，每翻一页跟孩子讲一讲书里的内容，给孩子说一说他喜欢的小动物图画，调动宝宝的兴趣。比如当孩子翻到"猫"这一页时，妈妈进行语言引导："这是宝宝喜欢的小猫。"并讲述猫的颜色、鼻子、眼睛、耳朵、尾巴等特点。

▲看书

准备一些适合孩子读的图书，情节要简单、易懂，画面要鲜明、丰富。把书放在桌上，让宝宝坐在桌子前，妈妈引导孩子一页一页地翻书，每翻一页跟孩子讲一讲该页的颜色和内容，给孩子说一说宝宝认识的小动物图画，以引起孩子的兴趣。当孩子翻到"鸟"这一页时，妈妈立刻给予语言引导："小鸟，会飞的小鸟。"并向孩子讲述画面上的内容。可以给孩子看不同内容的书，以提高孩子的兴趣，丰富孩子的经验。

▲认识红色

先拿出一个红皮球，告诉孩子这是红色的，然后再说"红色"，教孩子指认红色皮球；再告诉孩子番茄也是红色的，孩子会睁大眼睛表示兴趣和好奇，这时可再取2～3个红色玩具放在一起，肯定地告诉孩子："这些都是红色的。"

2. 听觉刺激

尽可能多地给孩子以适当刺激的环境，促进婴儿感知觉、注意、记忆能力的发展。

▲听声音猜物品

准备2个空盒子，分别将摇铃、响鼓玩具放在盒子里。将盒子拿到孩子身边摇出"丁零零""咚不隆"的声音，激起他的好奇心。宝宝想要,就将整个盒子递给他。孩子打开盒盖看到玩具时,妈妈可以很高兴地说:"里面有玩具啊!"同时将玩具递给他,让他自己摇一摇,听听是不是与刚才的声音一样。接着,妈妈鼓励孩子,试着让他自己把玩具放入盒子里,摇一摇盒子,听听玩具发出的声音,再将玩具取出。

▲谁的叫声

准备一段动物叫声的录音和一些动物的图片。妈妈与孩子面对面坐好,妈妈放录音,让宝宝仔细听一听是什么动物的叫声:"宝宝,这是什么动物的叫声?请你把它的图片找出来。"如果孩子找对了,就给予赞赏,并示意他举起来,模仿这种动物的叫声。如此反复,让孩子多听几种动物的叫声,并做出判断。

▲听与说联合训练

当宝宝开始咿呀学语时,要给他一个学习的环境,引导他发声。家长可以教孩子喊爸爸、妈妈、爷爷、奶奶,教宝宝怎么称呼家里的亲人,不管宝宝能不能听懂爸爸妈妈说的话,都要教育宝宝懂得文明礼貌。

3. 触觉刺激

继续婴儿抚触(见P173)。

4. 位置觉(平衡)刺激

▲滑滑梯

宝宝满1岁,需要爸爸妈妈抱着一起滑滑梯。

▲爬上爬下

利用家具比如沙发、椅子等,让宝宝爬来爬去、爬上爬下,以锻炼他的运动能力。

▲滚动训练

把浴巾铺在床上,让宝宝躺在浴巾的一端,头和手放在外面,从浴巾的一端开始卷。卷的时候要慢,并注意宝宝的表情和语言。等卷到浴巾另一端,开始向上提浴巾,令宝宝滚出来。初练习时,向上提拉速度要慢,等宝宝习惯以后,卷提速度就可以快一点。

▲倒悬操

让宝宝俯卧床上,妈妈双手手心向下、指尖相对抓住宝宝的双踝,慢慢地提起来,提到与妈妈肩水平。宝宝头朝下,贴在妈妈的胸前。妈妈身体后仰,腾出一只手托住宝宝的胸部,将其放回床上。

三、**动作训练**

提高幼儿运动的协调性、灵活性,使行走动作、动手能力进一步完善。

▲拍手

宝宝一般都会对拍手时发出的声响感兴趣。开始时,妈妈先示范着在宝宝对面两手对拍,等宝宝模仿得差不多时,就可以让他自己拍手。拍手动作可以锻炼孩子小手的力量及手眼协调能力。

▲拍图片

准备些颜色鲜艳的图片贴在墙上。妈妈描述其中一张图片,让宝宝去拍打。这种动作看似简单,但对小宝宝来说,他要用眼睛看着图片,然后抬起胳膊,并用手去拍打目标。目的在于促进宝宝视觉、听觉、运动觉等感觉器官的协调配合。

▲拍打气球

把气球吹起来,用绳子系好,挂在门上或让爸爸拿着,妈妈抱着宝宝,教宝宝用小手去拍打气球。这个游戏和拍打图片游戏比起来又增加了一些难度,因为气球会动,宝宝需要不断地调整自己的动作,才不至于拍空。目的在于提高宝宝手眼协调能力。

▲拍脚掌

爸爸抱着宝宝,教他用脚掌拍妈妈的手掌。再大一点的宝宝可以躺着用脚掌拍妈妈的手掌。宝宝玩熟以后,妈妈在宝宝脚掌拍过来的时候可以稍微移动一下手掌的位置,看看宝宝是否还能拍中。这样可以锻炼宝宝手眼协调能力和反应速度。

▲脚踢球

妈妈扶着宝宝站好,同时把球放在宝宝脚边,教他用脚去踢球。当球滚出去以后,妈妈再扶着宝宝走过去踢一下,只要宝宝能踢到球就可以了。目的在于锻炼宝宝腿部肌肉及控制脚的能力。

▲拾物训练

宝宝1岁,可以进行拾物训练了。让宝宝站在有栏杆的小床边,使他一只手扶栏杆,或者抓住宝宝一只手,使宝宝站稳。在宝宝脚边放一个玩具,引逗他弯腰用另一只手捡脚边的玩具。拾到玩具后,爸爸妈妈可用语言或行动给他一点奖励,比如夸奖他真能干或给他一个吻,孩子会很高兴再次捡玩具。

▲听儿歌,学走路

配合儿歌的节奏和韵律,爸爸妈妈先把走路的动作夸张地示范给孩子看,再让宝宝站在妈妈的脚背上,妈妈拉着孩子的小手,随儿歌有节奏地带动孩子练习走路。爸爸也可以扶住孩子腋下,站在孩子后面,妈妈站在孩子前面,向后伸手牵住孩子的手,全家一起随着节奏往前走。如果孩子迈步的意识不强,妈妈也可以脸朝向孩子,退着走,引导孩子前进。

▲从桌子上拿玩具

把宝宝喜欢的玩具放在桌子上,鼓励他自己走过去,把玩具从桌子上拿下来。

▲追人游戏

准备一个拖拉玩具,让宝宝拉着在前面走。妈妈在后面追他,假装追不上,以引起宝宝的兴趣。

▲扶着宝宝上台阶

找一个低矮的台阶,爸爸扶着宝宝,教他慢慢地上台阶。要是有栏杆,可以教他用手抓着栏杆,爸爸在旁边帮助他上台阶。

▲模仿动作

爸爸妈妈与孩子面对面,发出简单的指令,如拍拍手、摇摇头,或伸出舌头、笑一笑等,一边说一边示范给他看。较大的孩子可以逐渐增加游戏的内容和难度,如跺脚、弯腰等。随着游戏进行次数的增多,当妈妈说"请你跟我这样做"时,让宝宝回答妈妈"我就跟你这样做",并模仿妈妈的动作或表情。

▲全身训练

继续婴儿主被动操训练(见 P178)、开始幼儿辅助操(见 P180)。

四、语言训练

▲你几岁了

宝宝要1岁了,通过游戏让孩子了解数量关系吧。问问孩子:"你几岁了?"妈妈帮他竖起食指表示自己1岁,并说:"我1岁。"反复练习之后,宝宝就会竖起食指表示"1"。随着孩子年龄的增长和语言能力的提高,鼓励孩子在做手势的同时,回答:"我1岁。"

▲1和许多

爸爸妈妈拿出苹果,让孩子闻一闻、看一看、说一说。

拿出1个苹果,让孩子观察数量,并引导孩子说:"1个苹果。"指着桌子上的许多苹果,让孩子观察数量,并引导孩子说:"这是许多苹果。"另外,爸爸妈妈可以和孩子一起找找看自己身体上有哪些"1",哪些"许多";在家里有哪些是"1",哪些是"许多"。在生活中让孩子感知"1"和"许多"的关系。

▲爸爸妈妈多说,宝宝学说

爸爸妈妈要抓住宝宝认知和语言发育的关键期,给予适宜和有效的刺激。要经常和幼儿讲话,将宝宝眼睛看到的东西、耳朵听到的声音、肌肤感到的冷热都说来给他听。如进餐时,与宝宝边吃边说饭菜真香,告诉他这是米饭、馒头、鸡蛋,那是小勺、碗、盘子;睡觉时,告诉他这是棉被、枕头、床;起床时,一边穿衣一边告诉他这是上衣、裤子、袜子、鞋等。注意为宝宝创造可感受的场所,让宝宝把感受用语言表达出来。如利用周围环境告诉宝宝这是花、草,那是汽车,家里喂的是小猫、小鱼等;让宝宝听一听、学一学猫、狗、鸡、鸭的叫声。无论何时何地,只要有适当的机会,我们都要积极而热心地告诉宝宝眼前所看到的、听到的一切,让宝宝轻松自然地积累经验,获得各种新鲜知识,促进宝宝认知、语言的发展。

五、玩具与游戏训练

为宝宝创造游戏运动的环境,加速他们动作和技能的发展。

▲好玩的拨浪鼓

爸爸妈妈在宝宝面前一边摇晃拨浪鼓,一边念着儿歌:"一二三四五,上山打老虎。老虎没打着,打着小松鼠。松鼠有几只,让我数一数。数来又数去,一二三四五,五只小松鼠。"爸爸妈妈握着宝宝的手,一边帮宝宝拿着拨浪鼓摇晃,一边念儿歌。让拨浪鼓在孩子的眼前、背后、左侧、右侧等不同方位发出声音,让孩子朝发出声音的地方去追寻声音。

▲扔乒乓球

乒乓球体积小,质量轻,宝宝用手抓得住;乒乓球掉在地上会发出清脆而有规律的声音，"乒乒乓乓"的响声会让宝宝听起来很快乐，所以宝宝喜欢扔乒乓球，故意制造这种声音，且乐此不疲。而且即使宝宝乱扔，也不会砸坏东西，声音不大，不会扰民，也比较安全。这个游戏的目的在于可以锻炼宝宝手臂的力量。

▲踢气球

准备一个用细绳拴住的充气塑料彩球。妈妈抓住细绳，提住彩球，让彩球正好垂到孩子的脚上方，孩子一抬脚就能踢着，让宝宝踢气球。为了吸引孩子，爸爸妈妈可以晃动彩球，并且招呼孩子："来呀，看看这是什么？抬脚踢踢看。哦，脚在哪儿呢？"如果孩子没有主动抬脚，可以晃动着彩球碰孩子的脚，引导孩子逐渐过渡到主动抬脚踢球。游戏可以多次重复，随着孩子腿部、脚部活动的增强，爸爸妈妈可以逐步提升彩球的高度，引导孩子踢得高一点。

▲脚托气球

宝宝仰卧位，把双脚抬起来，爸爸妈妈放一个气球在他的脚上，说："宝宝真厉害，把气球托高了。"宝宝起初是无意识地抬脚，一会儿，他会很乐意地玩脚托气球。这个游戏有助于锻炼宝宝腿部的力量和控制力。

▲小鸟飞呀飞

让孩子躺在床上，妈妈拿出小鸟玩具，模仿小鸟的叫声，上下移动小鸟，宝宝的目光会追寻小鸟移动的方向。小鸟或上或下，或左或右，最后妈妈把小鸟高高举起，对着宝宝说："小鸟飞累了，小鸟要落下来了，小鸟准备落在宝宝的小肚子上。"或者让小鸟在孩子面前飞两圈，最后轻轻落在宝宝的肚子上。这时妈妈用玩具来回摩擦孩子的肚子，并让宝宝抓住小鸟，触摸感受毛绒玩具的质感。

▲跟着爸爸妈妈做

爸爸妈妈把宝宝抱在怀里，轻轻地说："小脑袋，摇一摇。"示范摇头，然后鼓励孩子模仿。妈妈对宝宝说："小眼睛，眨一眨。"示范眨眼，让孩子模仿。妈妈一边示范用手抓挠的动作，一边说："小手指，挠一挠。"然后，一边说一边握着宝宝的手腕进行模仿。此游戏的目的是为了让孩子能够将动作和动词进行配对，促进语言发展。

六、道德习惯与认知能力的培养

▲饮食习惯培养

1岁以后,根据宝宝的进食情况、季节条件,可以尝试断奶。培养定时进食、定位进餐的习惯;做半流质食物,以增强幼儿自己吃饭的信心;鼓励小儿自己动手吃东西。

▲排便习惯培养

在大小便控制方面,宝宝有了"要小便、要大便"的感觉,爸爸妈妈要鼓励他表达出来。

▲睡眠习惯

除夜间睡眠外,白天可睡眠2次,每次1.5~2小时。

▲卫生习惯

养成饭前、便后洗手的习惯。

▲学洗手

用盆盛好清水,教孩子先将手弄湿,然后拿香皂涂抹全手,手心手背都抹到。放下香皂,双手对搓,要特别提醒孩子清洗手指之间的缝隙和指甲周围。最后用清水洗去手上的香皂,用干净的毛巾把手擦干。平时可以让孩子用流动的自来水洗手。

▲注意力的培养

给宝宝下指示时保持目光接触,指令性语言、手势要清晰明确;避免同时给宝宝好几件玩具;多玩穿珠子、小猫钓鱼等需要专心的游戏。对注意力不集中的宝宝,不可急躁,最好从宝宝最感兴趣的事物入手,让宝宝尽可能对这个事物保持较长时间的注意力。

▲独立习惯的培养

爸爸妈妈应该多为宝宝提供条件和机会:给他提供短粗的蜡笔或彩笔,任他图画;任他自己玩堆积木的游戏,培养其手眼协调的能力;示范穿衣,使他掌握穿衣方法等;让他自己吃饭、穿衣、翻书……在日常生活中让他做力所能及的事,以培养其独立的能力。

▲交往能力的培养

爸爸妈妈应多为宝宝创造参与交往的机会。如邀朋友聚会时将宝宝的床放在房间中央,开始教他说"谢谢",鼓励他对亲戚、小朋友、洋娃娃和宠物表现出友爱的行为,产生愉快的相处经验,这是与他人建立友善关系的基础。和同龄小朋友玩耍时,要注意培养孩子们彼此间的良好关系。

▲观察能力的培养

观察是一种有目的的感觉知觉活动,是发展智力的主要途径。儿童观察事物是通过各个感觉器官来进行的,因此,培养儿童的观察能力,应从发展视觉、听觉、嗅觉、触觉的感觉能力入手,从他们感兴趣的、注意到的事物开始,有意识地引导他们去观察事物。

(1)观察事物的特性。如大小、形状、颜色等。先从基本的形状、颜色进行识别。不必在这个阶段要求幼儿记住形状、颜色的名称,而应让幼儿明白形状、颜色这些词的意思。

(2)发展幼儿注意力的稳定性,扩大注意的范围。

▲记忆力的培养

小儿的记忆是由感觉器官获得的信息积累而成的。有了记忆,小儿才能呈现出日新月异的进步。

(1)实物记忆练习。让小儿根据记忆寻找所需要的玩具。

(2)强化记忆练习。

▲思维能力的培养

小儿的思维活动是以周围的实物和具体的活动为基础,在探索活动和随之而来的感知中进行的。因此,在促进婴幼儿思维能力发展的诸因素中,最重要的就是给幼儿创造一个有利于动手动脑的环境,提供活动的机会。

(1)发展幼儿解决问题的能力。可以帮助孩子自己选出解决问题的方法,同时扩大在解决类似问题时使用这种方法的可能性。

(2)发展思维的灵活性。教幼儿同种玩具不同的玩法,并在日常生活中引导小儿注意观察一种物体的多种用途,以发展幼儿解决问题的技巧。

▲想象力和创造力的培养

(1)辨别音响。

(2)手影表演。

(3)看图片。

第七步：1岁半，学习上楼梯

一、发育与评价（体格、智能）

正常男童满 1 岁半身长、体重、头围、胸围测量值

项　目	X－2S	X－S	X	X+S	X+2S
身长（厘米）	77.6	80.8	84.0	87.2	90.4
体重（千克）	9.03	10.34	11.65	12.96	14.27
头围（厘米）	45.2	46.5	47.8	49.1	50.4
胸围（厘米）	44.1	46.1	48.1	50.1	52.1

正常女童满 1 岁半身长、体重、头围、胸围测量值

项　目	X－2S	X－S	X	X+S	X+2S
身长（厘米）	76.6	79.8	82.9	86.0	89.1
体重（千克）	8.65	9.83	11.01	12.19	13.37
头围（厘米）	44.1	45.4	46.7	48.0	49.3
胸围（厘米）	43.0	45.0	47.0	49.0	51.0

宝宝 1 岁半时的智能水平

粗大运动	扔球无方向
精细动作	模仿画道道
语言能力	会说 10 个字
适应能力	积木搭高四块，可以放圆积木入型板
社交行为	白天会控制小便

二、感官训练

1. 视觉刺激

▲视觉广度训练

固定孩子头部（用手扶着）看物体，要求眼球追随物体的移动而转动，头不能动。这样不但能够训练宝宝眼球运动的速度和灵敏度，而且也能够扩大宝宝视觉广度。

▲看图识字

准备一些看图识字卡片(正面有字,反面有图),如"电视机""娃娃""衣柜""苹果""小汽车"等。分正卡、副卡两套。妈妈读正卡上的字,让宝宝去找副卡上的图;妈妈读正卡上的图,让宝宝找副卡上的图;妈妈读正卡上的字,让宝宝找副卡上的字。宝宝找错了重来,找对了要给予"大拇指"表扬。将图形与字形、字音联系起来,刺激宝宝的视觉和大脑发育。

▲看图识图

准备一本图书,比如一本画满梨子、桃子、苹果、香蕉等水果的图书。再准备好多水果图片。妈妈读书上的图,让宝宝挑出与书上一样的水果的图片。

2. 听觉刺激

▲听音乐

音乐有不同特质,如节奏快慢、音调高低、响度大小、旋律优美等。听音乐对于宝宝的听觉辨识力有正向刺激作用,也能提高他对各种音乐的鉴赏力。爸爸妈妈要陪宝宝听音乐,态度一定要认真,不要随便讲话,让他养成安静听音乐的习惯。听音乐的同时还可以运用形象的玩具,帮助宝宝理解音乐的意义,增添听音乐的趣味。如听摇篮曲时,可怀抱布娃娃,做哄娃娃睡觉的动作。

▲多听多练

爸爸妈妈随时随地教宝宝认识周围事物的名称,宝宝的语言能力很快就会发生惊人的变化。爸爸妈妈多和宝宝说话,不仅应有意识地给予宝宝不同的语调,还应当结合不同的面部表情,如喜、怒、哀、乐等,训练宝宝分辨面部表情,使宝宝对大人的不同语调、不同表情有不同的反应,并逐步学会正确表达自己的感受。

3. 味觉刺激

▲尝水果

准备各种各样的水果和餐具。爸爸妈妈同孩子一起在餐桌边坐好,每人拿起一把叉子。如妈妈叉起一块西瓜放入自己口中,一边嚼一边说:"甜的,真好吃。"协助孩子叉起同样的水果放入口中,妈妈问:"什么味道?说一说。"然后跟孩子一起品尝另一种水果,比如菠萝,一边吃一边说:"这是酸的,酸的水果也是身体需要的。"让孩子自由选择盘里的水果,并尝试说出品尝后的味道。

4. 位置觉(平衡)刺激

▲举高高

爸爸用双手托住孩子的腋下,把孩子向上举高,在高处停留一会儿,并对孩子说:"宝宝看到什么了?会不会觉得自己很高呀?你可真棒,比爸爸还高!"然后举着孩子前进几步,再把孩子慢慢放下来。如此这般举高、空中停留、举高前进、缓慢放下,这样改变孩子的体位,使他经历一些匀速稳定或起伏较大的变化。孩子稍大时,爸爸一边说"转圈啦",一边举着孩子原地转几个圈,让孩子感受转圈带来的刺激。

▲螃蟹抱

宝宝仰卧在床上,妈妈一手抓住宝宝的手腕,一手抓住宝宝的踝部提起。随着年龄的增长,可以做一些前后、左右摆动。2岁以后可以加旋转。每天做5～7次。

▲提小狗

爸爸两脚叉开同肩宽,让宝宝仰卧在爸爸面前,双脚双手向上举起来。爸爸弯腰用双手抓住宝宝的手和脚,将宝宝向上提起来,停留1分钟,缓慢落下去。如此这般反复3～5次即可。

三、动作训练

▲戳泡泡

带宝宝到户外开阔的地方去,妈妈一边演示吹泡泡、追泡泡,再把泡泡戳破,一边唱儿歌——"大泡泡,小泡泡,宝宝快来追泡泡。泡泡圆,泡泡亮,圆圆泡泡真好玩"。最后,让宝宝自己玩戳泡泡。

▲踩线游戏

踩线游戏适合家庭练习,无论在室内地板上,还是在户外的庭院里,只要有一片安全的场地,就可以进行。爸爸妈妈先在地面上画一条直线,然后鼓励孩子沿着直线走。很多孩子喜欢在散步的时候走马路牙子或者走盲道等,这也是一种"踩线"训练。爸爸妈妈需要做好相应的防护措施,同时要注意不要妨碍他人走路。另外就是要鼓励自己的孩子多和其他小朋友一起玩,会使简单的游戏充满乐趣。

▲爬台阶

爬行训练是生长发育中非常重要的一个环节。而爬台阶是爬行的升级版,可以促进幼儿大脑前庭功能发育完善,防止幼儿多动,帮助幼儿集中注意力等。

利用玩具进行爬台阶练习。爸爸妈妈先用几个大型软体玩具摆放两三级台阶,然后用宝宝喜欢的玩具逗引他爬上爬下,对他的每次成功都要给予鼓励,让他渐渐熟悉"我爬上去了"那种"胜利"的感觉。

利用滑梯进行爬台阶练习。城市公园都有塑料滑梯,底下有防护垫,在家长的看护下宝宝可以放心地爬上台阶,然后从滑梯上溜下来,再爬上去。有趣的滑梯给爬台阶增添了无尽的乐趣。宝宝因为很享受"滑下去"的感觉,所以必须尽快地"爬上去"。

利用楼梯进行爬台阶练习。无论是室内木制楼梯,还是室外水泥楼梯,宝宝爬台阶时最好戴护膝,必须有爸爸妈妈看护,以防宝宝摔下楼梯。宝宝每爬上一级台阶都要及时地给予表扬和奖励,以增强他的自信心。

▲上、下楼梯

找一个低矮的楼梯,扶着宝宝上、下楼梯,增加运动,锻炼宝宝腿部肌肉力量。

▲玩拼图

爸爸妈妈可以将一幅美丽的图片裁成4~6块,变整为零。然后让宝宝拼到一起,变零为整。玩拼图既训练了宝宝的动手能力,又训练了分析问题和解决问题的能力。

▲舀豆子

妈妈示范用勺子将左边碗里的黄豆一勺一勺地舀到右边的空碗里,边做边说:"把黄豆舀出来,放到另一个碗里。"左边碗里的黄豆舀空后,再将右边碗里的黄豆舀回来。接下来把勺子递给宝宝,让他练习用勺子舀黄豆。妈妈可以在必要时给予一点帮助,在孩子成功的时候别忘了表扬和鼓励孩子。还可以变化延伸为宝宝一边舀,妈妈一边数数,你会发现,孩子舀的速度及控制力越来越好。等孩子掌握了"舀"的动作后,就可以教孩子分类舀豆子了。

▲倒豆子

准备两个瓶子,一个是空瓶子,另一个瓶内装几粒豆子。让宝宝练习把一个瓶内的豆子倒入另一个瓶子内;最初豆子会撒一地,但是经过反复练习,就不会撒了。此游戏旨在训练宝宝手的灵活性和准确性。

▲用勺子吃饭

给宝宝一把勺子,让他自己拿勺子吃饭或吃小块水果等。目的在于锻炼孩子的精细动作能力。

▲递东西

指挥宝宝把报纸、玩具、拖鞋、眼镜盒等没有危险的物品拿给爸爸妈妈。这种事情宝宝乐意做,爸爸妈妈也省了点事;宝宝这种被需要的感觉,有利于其自尊心的培养。

▲捡东西

东西掉在地上的时候,让宝宝去捡起来。捡东西的时候,宝宝需要蹲下来,用手捡起来,再站起来;这样既锻炼了腿和腰部肌肉的力量,又锻炼了手的精细动作能力。

▲踢足球

爸爸、妈妈和宝宝三个人一起踢足球,来回地踢球、传球、射门。在墙上画一个足球门,或者用椅子腿当球门,让宝宝用这个球门,来练习踢球射门。和宝宝一起踢足球的时候,爸爸妈妈要不断变换自己所处的位置,引导宝宝把球踢往不同的方向。

▲涂鸦

给宝宝一支笔、一张纸,让他在纸上乱涂乱画。不是教他如何画画,而是让他体会信手涂鸦的乐趣;不是看他画得像不像,而是让他从中获得对色彩和线条的敏感,训练他的精细动作能力。

▲画圆圈

爸爸妈妈先示范在纸上画一个圈,然后让宝宝右手握笔,左手扶纸,做环形运动开始画圆圈。等宝宝有了这种体验就会画弧线了,经过多次练习,弧线封住口就成了圆圈。这对于训练宝宝精细动作能力的发展大有裨益。

▲倒着走练习

为了帮助宝宝在行走的过程中能够比较自如地掌握身体的协调与平衡，可以在前几个月练习走的基础上，鼓励宝宝倒着走。

刚开始宝宝可能会因为害怕而退缩，或是根本走不稳，这时爸爸可以与宝宝面对面，用双手牵着宝宝走。你向前走，宝宝向后退。边走边说话，但是要注意安全。注意平时户外活动时，也可有意识地训练宝宝倒着走路，就是不放弃任何一次可以训练的机会。

▲练习跳跃

跳跃是宝宝成长过程中必不可少的一个重要环节。宝宝开始走路了，但是爸爸妈妈会慢慢发现，宝宝已经不满足于原来的慢慢走路，而是逐渐加快脚步，并且伴随着身体平衡能力的日趋成熟，开始跳跃了。爸爸妈妈可别小看了跳跃的功劳。你们在日常生活中会发现跳跃动作的熟练有助于宝宝很多方面的发展，比如他会变得更活泼、喜欢表现自己、不怕生，并且在学习舞蹈等身体语言时，他会学得很快、很协调。爸爸妈妈应该在能保证宝宝的安全的前提下多让宝宝跳跃。

▲跑与停训练

选择一个空旷的地方，对宝宝喊："预备——跑，一、二、三——停。"要反复进行这种跑与停训练。注意，爸爸妈妈要站在宝宝的前方，使宝宝易于扶停而不易摔倒。此游戏的目的在于训练宝宝跑与停的控制能力与平衡能力。

▲开飞机

让宝宝把双手在身体两侧平举起来，学着开飞机的样子在场地里跑。妈妈可以给宝宝念一些歌谣，如"小飞机，天上飞。飞到南，飞到北。我是小小的飞行员，带爸爸妈妈看云彩"。做这个游戏最好是妈妈或其他小朋友与宝宝一起做，以训练宝宝在跑动时不与别人相撞，训练跑步与躲避障碍物的能力。

▲双脚跳

妈妈拉着宝宝的双手面对面站立，妈妈先做一遍双脚跳起来的动作给宝宝看，然后妈妈与宝宝一起跳。刚开始妈妈最好拉着宝宝的双手，让他双脚一起跳。随后让宝宝拉着妈妈的一只手或扶着东西跳。熟练以后再让他单独跳。

▲踢球训练

宝宝踢球时,开始动作笨拙,爸爸妈妈应鼓励宝宝大胆踢,只要能踢住球,能把球踢出去就行。然后再提出更高的要求,比如爸爸站在左前方,妈妈站在右前方,向宝宝发出指令:"把球踢给爸爸!把球踢给妈妈!"旨在训练宝宝脚、眼的协调能力。

▲骑"三轮车"

让宝宝自己骑小三轮童车。必要时爸爸可用小绳拉着,帮助他用力。逐渐练习,使宝宝能独立骑三轮车往前走。骑三轮车可以训练宝宝身体协调能力和平衡能力。

▲爬"山"运动

把家里的枕头、沙发靠垫、被子之类的东西准备好,在干净的墙角处堆积起来,形成一座"小山"。教宝宝爬上"山",再从"山"上爬下来。全程陪着宝宝,为他加油、喝彩!

▲双脚跳

将许多小圈放在地上,组成长长的圆形的小径,调节适合宝宝跳跃的距离,带着宝宝一起双脚跳进每一个圆圈,并且不断地循环。可以用有快慢变化的音乐为背景,增加游戏的趣味性。

▲小猴吊树

和宝宝在小区的健身器械区玩耍时,妈妈帮宝宝将双手抓牢在单杠上,看看宝宝能够坚持多久。大些的宝宝可以尝试像小猴一样往前攀缘。

▲钻山洞

准备一个干净的纸箱,高度大约是宝宝身高的一半。将纸箱的两侧打开,用透明胶带固定住,"山洞"就出现在宝宝的面前。他会迫不及待地在山洞里钻来又钻去。

▲在爸爸腿上滑

爸爸坐在椅子上,双腿自然垂放,略向前伸;妈妈将孩子放在爸爸的膝盖上,也可以让孩子自己爬上去;爸爸用双手托住孩子的腋下,让孩子坐在自己的膝盖上,然后用双臂的力量帮助孩子向下滑,并对孩子说:"滑滑梯喽。"妈妈在下面张开怀抱迎接孩子,当孩子滑下的时候,把孩子接住。

▲全身训练

继续幼儿辅助操(见 P180)。

四、语言训练

▲户外活动——春天

妈妈和孩子一起到户外春游,沐浴春风,让孩子观察春回大地、百花盛开的景象。妈妈教孩子学说:"柳树发芽,桃树开花,冬眠的小动物醒了,小燕子来了,小蝌蚪在水中游……"和孩子一起晒太阳。

▲户外活动——夏天

妈妈和孩子一起到户外避暑,让孩子观察夏热蝉鸣、艳阳高照、树茂叶盛的景象。妈妈教孩子学说:"树上知了叫,河里荷花开,小鸭河中戏水,小朋友树下乘凉,老爷爷摇扇子。"和孩子一起游泳。

▲户外活动——秋天

妈妈和孩子一起到户外赏秋,沐浴秋风,观察树叶飘落的景象。妈妈教孩子学说:"风来了,树叶飞起来了!""风停了,树叶落下来了!"让孩子捡一片树叶,和妈妈一起做游戏。妈妈说"风来了,树叶飞起来了"时,孩子将树叶高高举起,自由奔跑。妈妈说"风停了,树叶落下来了"时,孩子拿着树叶慢慢停下。

▲户外活动——冬天

妈妈和孩子一起到户外赏雪,让孩子观察天寒地冻、大地雪白的景象。妈妈教孩子学说:"北风寒,天气冷,下雪了! 堆雪人啦!"和孩子一起打雪仗。

▲指啥说啥

做一个转盘,中间是一个可以旋转的指针,四周摆着宝宝熟悉的各种物品(玩具等)。游戏时,旋转指针,让宝宝快速地说出指针停下来所指的那个物品的名称。当宝宝能够准确地说出所指物品的名称后,还可以让他说出该物品的用途、颜色、形状等,每一遍的要求都有所变化,这样会激起宝宝继续玩下去的兴趣。帮助宝宝了解事物的名称和特点,丰富词汇,促进语言和认知的发展。

▲教宝宝背诗歌

或许你会觉得这个时候的宝宝听不懂唐诗宋词,不明白其中的意思。但不要忽略一点:宝宝毕竟只是宝宝,在初步学习的过程中,唯有大人不断地启发引导,宝宝才能渐渐掌握和理解,才能体味中国传统文化的技巧。所以,只要宝宝喜欢,妈妈应尽量教宝宝背诗歌,并在宝宝喜欢背诗歌的前提下,让宝宝慢慢地理解这些诗歌。

▲拍手歌

目的是培养宝宝边唱儿歌边拍手的韵律感知能力。

爸爸妈妈带着宝宝一边拍手,一边唱儿歌:

你拍一,我拍一,一只孔雀穿花衣。

你拍二,我拍二,两只公鸡唱山歌。

你拍三,我拍三,三只大雁飞上天。

你拍四,我拍四,四只熊猫吃竹子。

你拍五,我拍五,五只小猫捉老鼠。

……

▲听声音,说儿歌

经常带宝宝到户外接触大自然,聆听各种各样的声音,如风声、雨声、雷声,如犬吠、牛叫、马嘶,如汽车、火车、救护车、消防车的喇叭声,都可以让宝宝聆听。

儿 歌

刮大风,呼呼呼;

打响雷,轰隆隆;

下大雨,哗哗哗;

小河流水哗啦啦;

汽车响,嘟嘟嘟;

飞机飞,嗡嗡嗡;

鞭炮响,咚咚咚;

宝宝笑,哈哈哈;

拍拍手,啪啪啪。

▲卖水果

将各种各样的水果摆在桌子上,妈妈站在桌子后面叫卖:"新鲜水果,快来买呀!"宝宝提着篮子来买水果。"小朋友,你买什么水果呀?"要求宝宝正确说出水果的名称,否则,就不卖给他。待小朋友把会说的水果一一都"买"走之后,妈妈再将宝宝说不出名字的水果告诉他。在让宝宝认识常见的水果的同时,训练他的观察能力和语言表达能力。

▲分花生

妈妈将花生放入两个干净的小碗里,一个碗里放5颗,另一个碗里放3颗。妈妈让宝宝观察两个碗里花生的数量,问宝宝:"你看两个碗里的花生一样多吗?你想要哪个碗里的花生呢?"当宝宝做出回答后,妈妈再重新分配花生,继续游戏。也可以让宝宝来分花生,妈妈来挑碗。培养宝宝比较数量多少的能力。

▲数小鸡

准备一张画有3~5只小鸡的图片。妈妈说:"宝宝快来,你看看画上是什么?"

宝宝回答:"是小鸡。"跟妈妈一起数数:"1、2、3,对!是3只小鸡。宝宝真是太聪明了!"妈妈可以把数小鸡的游戏编成儿歌来教宝宝,以引起宝宝的兴趣,如"鸡妈妈,数小鸡,一只小鸡来吃米,两只小鸡做游戏,三只小鸡叽叽叽"。

▲认识性别

结合家庭成员教宝宝认识性别,如"爸爸是男的,你也是男的",逐渐让宝宝能回答"我是男孩"。也可指着小人书中的人物问"谁是哥哥""谁是姐姐"等,以认识性别。

▲认识图形和颜色

让宝宝观察圆形、三角形、正方形、长方形等几何图形,在认识红、黄、蓝色的基础上,学习认识黑、白、绿等颜色,要反复练习。

五、玩具与游戏训练

▲妈妈做,宝宝猜

妈妈模仿一个洗脸的动作,让孩子猜这是干什么,并鼓励孩子用完整的一句话说出来,比如"妈妈在洗脸"。跟孩子一起翻看画有小朋友生活场景的图片:穿衣服、洗脸、刷牙、吃饭、踢球、看书、看电视、打电话、睡觉,并按照一日生活的顺序摆放。从第一张图片开始,拿起来问孩子:"早上起来第一件事是做什么?"然后指导孩子用一句话把图片大意说出来。按照顺序往后说,可以提醒孩子对照图片,回忆自己一天的生活并说出来。

▲叠杯

叠杯玩具是最变幻无穷的游戏。既能叠成高塔,又可变成一只单杯,还可以把小积木或其他小东西藏在叠杯内再寻找一番。通过这类游戏,宝宝能够知道有些东西虽然眼睛看不见,但是它们确实存在。

▲倒豆和倒水

准备两只小塑料碗,一只空碗,另一只碗里盛有小半碗黄豆,让宝宝把黄豆从一只碗里倒进另一只碗里,反复练习至完全不撒出来为止。然后再学习用两只碗倒水。

▲听问题配对

妈妈把画有雨点、雨伞、绳子、剪刀的四张图片摆在宝宝的面前。拿出画有雨点的图片问宝宝:"外面下雨了,你出门时该拿什么?"引导宝宝将画有雨伞的图片放在画有雨点的图片旁边。再拿出画有绳子的图片问宝宝:"什么东西能够把绳子剪开?"引导宝宝回答:"剪刀。"并让宝宝将画有剪刀的图片放在画有绳子的图片旁边。妈妈可以不断变换日常用品的图片,丰富宝宝的知识,锻炼宝宝的分析能力。

▲钓鱼

找一根绳、一个小木棍、一个磁铁。在绳的一端系上磁铁,另一端系上小木棍,钓鱼竿就做好了。找来一些钥匙、曲别针、铁片等小的铁制玩具当作鱼。首先妈妈示范用钓鱼竿钓鱼,然后鼓励宝宝模仿妈妈来玩钓鱼游戏,每钓上来一条鱼,让宝宝说出它的名称,用手摘下来,再接着钓另一条。宝宝每钓上一条鱼,爸爸妈妈都要欢呼,表示祝贺:"哇,又钓上一条!"得到爸爸妈妈的鼓励,宝宝会乐此不疲。此游戏既训练手眼协调能力,又训练精细动作的技能。

▲印画

把水彩颜料挤到调色盘里。妈妈将甜辣椒、莲藕、苹果对半切开,擦干切面上的水分。让宝宝拿着这些对半切开的物品,蘸上颜料,印在白纸上,这样甜辣椒、莲藕、苹果的图形就印出来了。此游戏既训练宝宝动手操作能力,又培养他的创造力和审美意识。

▲手影游戏

有光就有影。爸爸妈妈通过手势的变化,做出各种各样的影子图形,如猫、狗、鸟、兔等,让宝宝猜像什么,并让宝宝学做手影,培养宝宝的想象力。

▲红、绿、黄

宝宝拿着"方向盘"当"司机",妈妈拿着牌子当"信号灯"。宝宝开车往前走着,站在前方的妈妈举起画有红灯的牌子说:"红灯停!"让宝宝立刻停下来;几秒钟以后,妈妈换成画有绿灯的牌子说:"绿灯行!"让宝宝继续"开车"往前走。当宝宝熟悉"红灯停,绿灯行"的规则后,再逐渐加上黄灯。一边游戏一边说儿歌:"红灯停,绿灯行,黄灯亮了等一等。"游戏结束后,妈妈给表现好的宝宝发一个奖牌,鼓励宝宝做个遵守交通规则的小标兵。

▲打保龄球

用空的饮料瓶当"保龄球",摆成一排或摆成三角形,妈妈先示范用滚皮球的方法击倒"保龄球",然后鼓励宝宝照着做。随着宝宝技能的提高,可以增加难度,比如将瓶子摆放得更远一些,保龄球的数量再多一些。宝宝在享受摆保龄球和打保龄球的乐趣的同时,也锻炼了运动技能。

▲推小车

宝宝双手撑在地上,妈妈两只手分别抓住宝宝两只脚,像推小车一样推着宝宝,鼓励宝宝用双手爬着向前走。刚开始宝宝可能还不太会玩,反复练习宝宝就学会了。

▲赶小猪

找一块空旷场地,画一条起始线,画一条终点线。妈妈站在起始线上,示范用小棍拨动空易拉罐(小猪)前进到终点线。然后让宝宝操作。还可以召集好多小朋友一起来比赛,看看谁先把"小猪"赶到终点,先到者赢。

▲寻宝

先用绳子的一头系上宝宝平日喜欢的一个小玩具作为"宝",再把这个"宝"藏进衣柜或抽斗里等隐蔽的地方,然后把露在外面的绳子绕过沙发、桌子、垫子等障碍物,最后把绳子头交给宝宝,让他顺着绳子寻宝。鼓励他沿着绳子找下去,一定会找到令宝宝惊喜的"宝"。

▲套圈

用细铁丝弯几个圈儿,再用布条或彩色纸缠好,接口处要多缠几下。然后在地上间隔一定的距离放几件宝宝喜欢的小一点的玩具,让宝宝用铁丝圈套玩具。

此游戏可以锻炼宝宝手眼协调能力以及对手臂的控制力。

▲采蘑菇

妈妈带上两个小筐,带着孩子到花园或草地上做采蘑菇的游戏。妈妈给孩子讲一讲小白兔的外形特点和爱吃的食物后,对孩子说:"宝宝当小白兔,妈妈当兔妈妈,看谁采的蘑菇多。"地上的一片树叶、一个石子都可以当成"小蘑菇",捡到小筐里。然后和孩子一起数一数,比一比谁采的"蘑菇"多,借机给孩子灌输"劳动光荣"的思想。

▲猜一猜

准备两只碗、一块积木(或其他小物品)。妈妈将两只碗倒扣在桌子上,其中一只碗扣住那块积木,另一只碗是空的。然后让宝宝猜一猜积木在哪只碗里。

如果宝宝猜对了,妈妈可增加移动的次数,增加游戏的难度;如果宝宝猜错了,就重来一次。最终让宝宝明白,无论怎样变换碗的位置,积木都在原先的碗里。

培养宝宝的观察能力和思维能力。

▲猜谜语

教宝宝说谜语:"一种动物四条腿,见了主人摇摇尾,鼻子灵敏无人比,看家狩猎好帮手。"答案:狗。

六、道德与习惯培养

▲学洗脸

为孩子示范洗脸的方法,鼓励孩子尝试自己洗脸:"今天妈妈和你比赛,看看谁能把脸洗得干干净净。"然后,给孩子一块毛巾,边分解示范,边讲解洗脸、洗手的顺序。孩子洗完脸要给他鼓励,赞赏地说:"宝宝会自己洗脸了,真能干!"

▲学洗手

准备一块毛巾和一块香皂。带宝宝来到洗手池边,妈妈边说边做:第一步把宝宝袖子卷起来;第二步让宝宝动手打开水龙头,把手冲湿,关住水龙头;第三步帮助宝宝在双手上打肥皂,让他两只手互相搓搓手心、手背、指尖、指缝;第四步再打开水龙头,用水冲洗双手,关上水龙头;第五步用毛巾擦干手,放下袖子,洗手完毕。

▲练习使用勺子

使用勺子能够训练宝宝手指的灵活性,培养宝宝的生活自理能力,同时也为宝宝学习使用筷子和书写打好基础。当宝宝在游戏中初步掌握了用勺子的要领后,就可以试着让他自己拿着勺子吃饭。刚开始吃不到嘴里也不要紧,关键是让宝宝尽早学会使用勺子。

▲水果剥皮

拿一些动物图片,告诉孩子动物们都喜欢吃什么样的水果。告诉孩子猩猩爱吃香蕉,拿出香蕉来,告诉孩子如何来剥皮。把一个香蕉递给孩子,让他学着剥,剥开后妈妈要鼓励,亲亲孩子。示意他将香蕉分给小动物一些,再喂给妈妈吃些,最后留给自己吃点。还可以玩其他的剥皮游戏,例如说"田鼠爱吃玉米",鼓励孩子自己剥玉米皮等。还可以选择剥橘子皮、花生皮等。家里买了豌豆的时候,还可以教孩子剥开外面的壳,让他观察有豆子从里面蹦出来,再让孩子将剥好的豌豆放回壳里,看看是不是一个小坑放一粒豆子。

▲教宝宝判断是与非

在宝宝与他人交往中,继续教他是非观念。如他出现打人、咬人的行为时,大人要用语言、手势、眼神批评他,增强宝宝的控制力,且终止这种行为。对宝宝不良行为的制止要及时,态度要坚决,但不要打骂,更不能庇护、娇纵。另外,爸爸妈妈平时要用自己的言行为宝宝树立起一个可供他模仿的正确榜样。在日常生活中,遇到好的行为跟宝宝说这是好的,让宝宝有正确的是非观。

▲教宝宝文明用语

在出门前先告诉宝宝如果遇到熟人应该说"你好";告诉宝宝当别人给了自己东西时(如糖果),应该说"谢谢";晚上睡觉前可跟爸爸妈妈道一声"晚安"……如果宝宝表现得好,给予表扬或奖励;如果表现得不好,要明确指出"没有礼貌的宝宝大家都不会喜欢"。另外,爸爸妈妈在宝宝面前也要多使用礼貌用语,以便潜移默化地影响他。

▲硬币和存钱罐

给宝宝买一个漂亮的玩具存钱罐。宝宝干一件家务,比如把毛巾取来,就奖励一枚硬币,并且让他把这枚硬币放入存钱罐。由于罐口又窄又扁,宝宝存钱的过程,就是精细动作训练的过程。

第八步：2岁，学习双足跳

一、发育与评价（体格、智能）

正常男童满2岁身长、体重、头围、胸围测量值

项 目	X－2S	X－S	X	X+S	X+2S
身长（厘米）	83.6	87.4	91.2	95.0	98.8
体重（千克）	10.23	11.71	13.19	14.67	16.15
头围（厘米）	45.9	47.3	48.7	50.1	51.5
胸围（厘米）	45.4	47.5	49.6	51.7	53.8

正常女童满2岁身长、体重、头围、胸围测量值

项 目	X－2S	X－S	X	X+S	X+2S
身长（厘米）	82.3	86.1	89.9	93.7	97.5
体重（千克）	9.64	11.12	12.60	14.08	15.56
头围（厘米）	44.8	46.2	47.6	49.0	50.4
胸围（厘米）	44.3	46.4	48.5	50.6	52.7

宝宝2岁时的智能水平

粗大运动	双足跳离地面
精细动作	穿扣子
语言能力	说两句以上儿歌，会问"这是什么？"
适应能力	一页页翻书
社交行为	说常见物用途

二、感官训练

1. 视觉刺激

▲看图说话（春）

爸爸妈妈给宝宝看一幅表现春暖花开的图片。让孩子认识春天气候的特征，柳树发芽，桃树开花，冬眠的小动物已苏醒，燕子从南方归来，小蝌蚪、小鱼在河水中游来游去。鼓励宝宝将图中看到的所有

景象用语言表达出来。如果能结合自己的实际生活经验,说出一些连贯的句子,爸爸妈妈更要及时表扬。

▲看图说话(夏)

爸爸妈妈给宝宝看一幅表现夏热蝉鸣的图片。让孩子认识夏天气候的特征,天上艳阳高照,地上树茂叶盛,树上知了鸣唱,河里荷花朵朵开,小鸭在河中戏水,小朋友在树下乘凉,小狗热得伸着舌头喘粗气,老爷爷热得不停地摇扇子。鼓励宝宝将图中看到的所有景象用语言表达出来。如果能结合自己的实际生活经验,说出一些连贯的句子,爸爸妈妈更要及时表扬。

▲看图说话（秋）

爸爸妈妈给宝宝看一幅表现秋凉叶黄的图片。让孩子认识秋天气候的特征，天高云淡，满山枫叶红，一地落叶。鼓励宝宝将图中看到的所有景象用语言表达出来。如果能结合自己的实际生活经验，说出一些连贯的句子，爸爸妈妈更要及时表扬。

▲看图说话（冬）

爸爸妈妈给宝宝看一幅表现冬雪的图片。让孩子认识冬天气候的特征，天寒地冻，大地雪白，千里冰封，万里雪飘，冰雪压枝。鼓励宝宝将图中看到的所有景象用语言表达出来。如果能结合自己的实际生活经验，说出一些连贯的句子，爸爸妈妈更要及时表扬。

▲用放大镜看东西

爸爸妈妈带上放大镜和宝宝一起出门散步或游玩,一边散步一边寻找观察目标:树叶、花瓣、花蕊、小石头、结网捕食的蜘蛛、忙碌的蚂蚁等。当发现这些有趣的事物时,就停下来并用放大镜去观察它们,同时向宝宝解释看到的是什么,和他谈论物体的大小、柔软、坚硬、平整和粗糙等特点,驻足观察昆虫和小动物们在做什么、准备去哪里等,目的在于促进宝宝各种感觉器官的发展。

2. 听觉刺激

▲录音、回放

平时把生活中的声音录下来,如宝宝的哭声、笑声、说话声、唱歌声等,爸爸的读书声、妈妈的唱歌声,还有爸爸妈妈和宝宝对话的实况都录下来。一有时间就回放给宝宝听。当宝宝熟悉了录音机的用途以后,鼓励他自己来操作:录音、播放、快进、快退、暂停等。家长可以教他操作,并让他自己摸索着玩。

▲听听是谁的声音

用录音机录下爸爸、妈妈、爷爷、奶奶、姥姥、姥爷等家庭成员的一段话,每个人的话之间留出一段空白时间,方便孩子思考。再准备一些家庭成员的照片,照片的数量与录音机中录好的内容对应的人数相符,一切准备好之后,游戏就可以开始了。妈妈放录音,每出现一个声音,请孩子听辨之后,马上把相应的照片找出来放好,可以让孩子听一个放一个,也可以让孩子连续听几个,然后凭记忆按顺序将照片放好。游戏刚开始进行时,可以先从听辨动物声音并进行配对开始,然后再让孩子听辨家庭成员的声音。放录音的速度、音量要合适,方便孩子听清楚。

▲听听是什么声音

让宝宝听一听周围发出的声音,如鸡叫声、鸟鸣声、马嘶声、犬吠声、汽车喇叭声、钟表嘀嗒声、电话铃声等,问宝宝是什么东西发出的声音。宝宝答得出来就称赞、表扬、鼓励一下;宝宝答不出来,妈妈告诉他是什么东西发出来的声音,并且让他反复听,让宝宝记住和学会辨听。

3. 嗅觉刺激

▲灵敏的小鼻子

用塑料杯分别装入适量的醋、酱油、香油、白酒、香水、洋葱等。用不透明的纸套在塑料杯口上,用皮筋扎好,在纸上扎几个孔。让孩子逐个闻一闻,并说出是什么的味道,孩子说出名称后,将纸盖揭开,让孩子自我检查是否正确。可以在孩子用餐前蒙住孩子的眼睛,让孩子闻饭菜的香味并说出饭菜的名称,如包子、米饭、番茄炒鸡蛋、红烧肉等。

4. 味觉训练

▲喝饮料,说名称

准备好1杯牛奶、1杯苹果汁、1杯矿泉水、1杯绿茶,所有的饮品要用一样的杯子。然后对宝宝说:"现在我们来尝一尝杯子里是什么饮料,不许用眼睛看。"给孩子端1个杯子,让孩子闭上眼睛,用鼻子闻一闻,然后喝一小口,说出是什么饮料。如果孩子说得不对,可以让他看一眼再来猜。依次让孩子品尝各种饮料,说出品尝的是什么。另外,平时利用各种机会来锻炼孩子的品尝辨别能力,比如让宝宝说一说喝的是什么汤,吃的是什么菜,包子、饺子里是什么馅等。

5. 位置觉(平衡)刺激

▲走直线

准备一个较大的游戏空间,妈妈用胶带粘出一条"直路",让孩子踩着胶带行走,脚不要踩在胶带的外面。告诉宝宝一些掌握平衡的方法,如双臂平伸,手握一根小棍儿等。妈妈还可以增加孩子走"路"的难度,比如走曲线、设障碍物等。

▲走平衡木

走平衡木是锻炼宝宝身体平衡、四肢协调的一种有用的活动。妈妈牵着宝宝一只手,让他在10厘米宽的木板上走,或沿着路牙子走,渐渐放手让宝宝自己走。

▲骑脚踏三轮车

目的:训练全身平衡和协调能力。

方法:在妈妈的监护下,宝宝先学习向前蹬车,熟练之后,再试着左右转向和向后骑。双足交替蹬车,双手把握方向,身体调节平衡。

这些都是很重要的协调练习。

▲荡秋千、蹦蹦床、跷跷板

经常带宝宝到儿童游乐园荡秋千、跳蹦蹦床、玩跷跷板,既愉悦宝宝心情,又训练宝宝的平衡能力及控制能力。

▲旋转飞舞

爸爸与宝宝面对面站好,抓住宝宝的手腕将他提起,然后拉起宝宝开始旋转。顺时针、逆时针方向各转一圈。待宝宝逐渐适应时,可转到两圈、三圈。转的同时还可以模仿飞机发动的声音或唱一首宝宝熟悉的歌谣。注意:在转圈时,保持旋转的速度,刚开始速度不要太快,要顺时针和逆时针轮换着做,以免宝宝感到头晕和不适。如果宝宝累了,应马上停止。此游戏的目的在于刺激前庭器官,锻炼宝宝身体的协调能力和平衡感。

三、动作训练

▲单脚站立

教宝宝独脚站立主要是训练宝宝身体的稳定性、协调性和下肢的支撑能力。家长先做示范,对宝宝说:"我能一只脚站,你也试试。"让宝宝模仿。开始可以让宝宝扶着东西站,以后训练不依靠扶物也能独站几秒钟。左右脚要交替练习,到了3岁时就能坚持独脚站10秒钟了。

▲脚尖走路

让宝宝穿软底鞋,这样比较容易踮起脚尖。妈妈在地上画一条"S"形曲线,让宝宝用脚尖沿着曲线走。刚开始一只手扶着爸爸,用一只脚尖走路;熟练以后,独自用一只脚尖走路;再熟练以后,用两只脚尖走路。走得好,就及时鼓励。反复练习以训练其平衡能力。

▲彩色小路

将彩纸板剪成鹅卵石状纸片,把形状各异的鹅卵石纸片用双面胶贴在地板上,贴成一条彩色小路,可以弯,可以直,可以设立一些小桥、山洞等。妈妈与孩子一起玩,妈妈前边走,宝宝后边跟,要告诉宝宝只有沿着这条彩色小路向前走才能"回家"。遇到"小河",妈妈说:"我们必须踩着石头过小河,千万不要掉到河里去。"遇到"山洞",妈妈说:"我们必须低着头钻过去,不碰着头。"妈妈用夸张的动作表演,让孩子模仿妈妈完成走彩色小路"回家"的动作。

▲过障碍取物

在干净的地板或地毯上,摆放一些宝宝喜爱的玩具,如玩具枪、车、皮球、布娃娃等;在宝宝与玩具之间设置障碍物,如放一条板凳、一个空纸箱、一把椅子等。妈妈说:"宝宝,你的汽车在哪里?把它拿过来吧!"妈妈引导宝宝绕过障碍物去拿汽车玩具。宝宝可能会直接冲过去,拿不到玩具就会哭起来。这时爸爸妈妈应一边做示范,一边说:"你看,像妈妈那样,绕过去不就可以拿到玩具了吗?"此游戏的目的在于训练宝宝思考问题和解决问题的能力。

▲学习双足跳

妈妈与宝宝相向站立,妈妈拉着宝宝的双手让宝宝向上跳。待宝宝熟练后,再让宝宝独自跳。可以让宝宝学着小兔的样子,双脚并在一起往上跳起,一边跳,一边念儿歌:"小白兔,白又白……"增加游戏的趣味性。

接下来练习从最上面一个台阶向下一个台阶跳。另外,还可教宝宝跳绳。跳绳是一项全身性的活动,训练宝宝手脚协调配合,可促进宝宝的协调性。

在单足站稳的基础上,训练单足跳,也可以教宝宝从一个地板块跳到相邻的地板块。熟练后玩跳格子游戏。

▲练习跳高、跳远

宝宝跳高、跳远是运动能力进步的表现。爸爸妈妈先给宝宝示范,然后让宝宝做立定跳远练习(不必强调宝宝一定要跳多远)、立定跳高练习(不必强调宝宝一定要跳多高)。反复练习,胜利就在前方。目的在于跳高、跳远能增强宝宝双腿的协调能力和肌肉力量。

▲托气球

给宝宝准备一个气球,指导宝宝把气球向上托。当气球要落下来时,宝宝用力一托,气球又飘上去了;待要落下来时,又托上去了,保持气球不落地。这种游戏既能练习宝宝的跑、跳动作,又能训练宝宝手眼协调能力。

▲踢球

踢球是一项很好的运动,爸爸妈妈和孩子一起玩踢球的游戏更会增添情趣。找一块大的活动场地,在地上画一个起点、一个终点,令宝宝把皮球从起点踢到终点。宝宝不停地踢球、捡球、奔跑,乐此不疲,有助于快乐情绪的培养。

▲蹬"自行车"

妈妈和宝宝脚对脚躺在垫子上,大脚丫和小脚丫相对做出蹬自行车的动作。游戏时可以轻轻地哼着儿歌,伴随音乐的快慢,调整"蹬车"速度,增加游戏的趣味性。

▲串珠子

准备一条线绳和一些中间有孔的珠子或扣子。爸爸妈妈先示范串珠子,然后让宝宝自己串珠子,或者妈妈指导着宝宝串珠子。等到宝宝掌握了串珠子动作要领时,告诉宝宝找一些中间带洞的东西,让宝宝串起来。这个游戏目的在于训练宝宝手眼协调的能力,培养其耐心与专注力。

▲全身训练

开始幼儿模仿操(见 P182)。

四、语言、数学训练

▲教宝宝说句子

教宝宝学说完整的句子(含有主语、谓语、宾语),如"妈妈上班去了""我要上街""我要上公园"等,并教宝宝使用一些简单的形容词,如"我要红色的球""我要白色的警车""我要圆圆的饼干"等。这些形容词一定是宝宝生活中最常用的、比较简单的、特别形象的。爸爸妈妈要经常和宝宝一起看图学说话,边看边讲述图画中的内容。教小儿记住父母的名字、家庭住址及父母的职业、单位,自己的年龄等。

▲和小朋友说话

宝宝在学语言的过程中,常会出现这样一种情况,就是宝宝说的话,只有爸爸妈妈才能听懂,别人要知道宝宝说什么,还得通过家长"翻译"。显然,这种情况不利于宝宝语言能力的发展与进步,因为宝宝不可能总是跟着家长。所以,日常生活中家长应多训练宝宝的发音,训练宝宝讲完整的句子,让宝宝多和别的小朋友交流。

▲宝宝说,妈妈猜

准备孩子熟悉的图片,如水果或生活用品等。妈妈背对孩子,爸爸随意抽出一张图片给宝宝看,让孩子描述图片上的物品,让妈妈猜图片上的物品。注意描述中不能有图片上物品的名称,比如鞋,孩子可以说:"每天出门前,脚上穿什么?"妈妈回答:"鞋。"再比如雨伞,孩子说:"下雨了,我们需要用什么?"妈妈就回答:"雨伞。"

▲妈妈说,宝宝接

妈妈念儿歌,和孩子一起配合儿歌做动作;妈妈说儿歌的前几个字,让孩子说后几个字。例如,妈妈说"小青蛙"时,故意把"蛙"留出来,让孩子说"蛙",如果孩子说对了,妈妈要微笑示意;再接着说"呱呱叫",把"叫"留出来,让孩子补上。如此来训练孩子,加深他对押韵词的印象。当孩子学会整首儿歌的押韵词之后,可以进行更多的拓展练习。爸爸妈妈可以鼓励孩子学习3个词的句子,并鼓励孩子把学到的词连成短句。

▲看相册,说照片

妈妈拿出家里的相册和宝宝一起来看。妈妈和宝宝一边翻看,一边告诉宝宝照片的内容。妈妈说完后,可以让宝宝看着照片来讲述。如果宝宝说得不全,妈妈可以提示一下,比如照片上的人是谁、在哪里拍的、什么季节等。培养宝宝语言的准确性。

▲打电话

宝宝和妈妈各拿一个手机,妈妈给宝宝打电话,宝宝接电话;宝宝给妈妈打电话,妈妈接电话。话题或内容并不重要,宝宝想说什么就说什么,把平时想说又难以启齿的话用这种方式说出来是个很不错的主意。如果宝宝犯了错,情绪一时难以平复,或者宝宝知道自己错了,碍于自尊心不好意思表达,或者没有原因地心情不好,都可以用打电话的方式与妈妈进行沟通,以宣泄他的不良情绪。目的在于训练宝宝的语言交流能力。

▲传耳语

妈妈先附在宝宝耳边小声说一句话,再让宝宝附在爸爸耳边,把妈妈刚才说的话告诉爸爸,最后让爸爸说出来他听到的内容。如果宝宝传话对了,就称赞鼓励一下;如果传话错了,爸爸妈妈就教他正确传话。小宝宝都很喜欢耳语传话,因为它有一种神秘感。需要注意的是,耳语要由易到难,开始时,可以先说两三个字的短句子,让宝宝第一次耳语传话成功，增强宝宝的信心，以后再逐渐加长句子并且适当增加难度。

▲给动物点名

给宝宝发5张动物卡片，然后告诉宝宝："现在给小动物点名，请宝宝仔细看好了，看我把哪个动物漏掉了。"然后妈妈开始给动物点名，在说的过程中，可以有意漏掉一个。点完后问宝宝把谁漏掉了。如果宝宝说对了，就点赞；说错了，就把正确的答案告诉孩子。反复训练，直到孩子赢得点赞。

▲与玩具对话

妈妈手拿玩偶面向孩子，一边用玩偶做出打招呼的姿势，一边模仿玩偶自我介绍："大家好，我是美羊羊。我喜欢美容、美食和健美操，我最喜欢的朋友是喜羊羊。对面的小朋友，你是谁呀？"鼓励孩子自我介绍，也可以提示孩子按照以下顺序介绍自己：姓名、年龄、爱好、期望等。再换一个玩偶，让孩子尝试有条理、有顺序地重复练习。游戏的目的在于提高宝宝语言的表达能力。

▲带图画的盒子

妈妈把每面都有图案的方盒拿给孩子，让他随意地转动、欣赏，转到一个画面，妈妈对孩子说："这是绿色的大树。"再转到一个画面，妈妈对孩子说："这是红色的苹果。""这是紫色的茄子"……在孩子熟悉了画面的位置后，妈妈可让孩子听指令找画面。妈妈说："苹果在哪儿？"宝宝会把贴有苹果图片的那一面转过来，让妈妈看，妈妈伸出大拇指，称赞他"真棒！"

▲趣味问答

在日常生活中，爸爸妈妈可以随时提问，以培养宝宝的推理能力。

妈妈问："刀是用来切菜的，勺子用来干什么？"

宝宝说："吃饭。"

妈妈说："眼睛可以看见东西，嘴巴用来干什么？"

宝宝说："说话。"

妈妈说："手可以拿东西，那脚用来干什么？"

宝宝说："走路。"

妈妈说:"嘴巴可以讲故事,那耳朵用来干什么呢?"
宝宝说:"听故事。"
妈妈问:"小鸟在天上飞,那小鱼儿呢?"
宝宝说:"在水里游。"

▲看风景,回答问题

带宝宝逛公园,是进行宝宝认知能力训练的极好机会。进入公园就发问:"宝宝你看,这棵树和那棵树,哪一棵高啊?哪一棵离我们近啊?""花是什么颜色?""鸟在空中飞,那鱼在什么地方?"

带宝宝逛动物园,除了让宝宝了解动物的特点、习性、生活习惯外,要注意让宝宝知道动物的用途,为什么要养殖它们,例如养鸭能生蛋,鸭肉可食,鸭毛可以做羽绒衣服和被褥等。鸭生活在有水的地方,可以吃水中的小鱼,到陆地上可以吃菜叶和剩饭。鸭排出的粪便,可以用作庄稼肥料,也可以用来生成沼气。"可不可以把鸭放到养鱼养虾的水塘里啊?""不可以,因为鸭会把鱼苗、虾苗吃掉的。""回答正确,击掌。"经过爸爸妈妈讲解,宝宝积累了知识。

▲讲故事

如我国古代,有一个名叫司马光的小孩,在他7岁的时候,遇到一个小伙伴不小心掉进了大水缸里。看到这种情景,司马光没有慌乱,立即捡来一块石头,照着水缸用力砸下去。水缸被砸破了,水缸里的水流出来了,小伙伴终于得救了。故事讲完了,让宝宝复述一遍。目的在于培养宝宝的听力、记忆力和复述能力。

▲儿歌——《春天到》

准备有关春天的图片,如"春天""蝴蝶""蜜蜂"的字卡及相应的图片。妈妈和宝宝一起拍手说儿歌《春天到》。或爸爸妈妈、宝宝一起拍手,一起说儿歌。

春天到,空气好。(双手上举,左右摆动)
草儿绿,鸟儿叫。(左右拍手)
花儿朵朵开口笑。(双手手腕相合)
蜜蜂蝴蝶齐舞蹈。(学小鸟飞)

拍手说儿歌以后,妈妈问宝宝:"谁来这首儿歌里做客了?"妈妈说两遍儿歌后,让宝宝学习重点词句及动作,训练宝宝的语言表达能力,学会背诵儿歌,手口一致地表演动作。

▲儿歌——《孙悟空打妖怪》

教宝宝唱《孙悟空打妖怪》,一边唱,一边做动作。

唐僧骑马咚呀咚,后面跟着个孙悟空;

孙悟空,跑得快,后面跟着个猪八戒;

猪八戒,鼻子长,后面跟着个沙和尚;

沙和尚,挑着筐,后面跟着个老妖婆;

老妖婆,真是坏,骗了唐僧和猪八戒;

多亏悟空眼睛亮,高高举起了金箍棒;

金箍棒,有力量,妖魔鬼怪消灭光。

这个游戏的目的在于训练宝宝的律动、歌唱能力,还可以提高宝宝大脑与四肢的协调运动能力。锻炼宝宝的记忆力和对"一一对应"的理解。

▲听音乐、唱歌、拔萝卜

准备萝卜(实物或萝卜图片)。爸爸妈妈和宝宝一起听着《拔萝卜》音乐、唱着《拔萝卜》歌曲,开始拔萝卜。萝卜拔出来了,让宝宝指认哪是胡萝卜,哪是白萝卜,再让宝宝尝一尝萝卜的味道。增加孩子对萝卜的认识,训练他对音乐的感受力。

▲买卖水果

桌子上摆满各种玩具水果或水果卡片等待出售,宝宝提着篮子来买水果。妈妈问宝宝要买什么水果,说对了就把买到的水果放到他的篮子里,说不对就买不到水果。如果剩下的几种水果宝宝认不出来,妈妈就告诉他,直到宝宝将所有的水果都买走为止。接下来可以交换角色,该宝宝卖水果,妈妈买了。妈妈可以故意说错1～2种水果,让宝宝纠错。通过这个训练,能提高宝宝的语言表达能力和认知能力。

▲数电灯

妈妈问宝宝:"电灯在哪里?"当宝宝找到电灯后,再告诉宝宝:"数一数,咱们家有几盏电灯?"宝宝一边说:"1、2、3……"一边用手指点。数完后让宝宝报告答案。依此类推,宝宝可以数筷子、数碗等,旨在培养宝宝的数学计算能力。

▲数小鸭

准备一张画有 7 只小鸭的图片,然后把图片拿给孩子看,对他说:"快来看啊,妈妈给你带来一张有趣的画。画上是什么呀?对,是小鸭。来,咱们一起数数有几只,1、2、3、4、5、6、7,对,7 只小鸭子。宝宝太聪明了!"妈妈可以把数小鸭的游戏编成儿歌来教孩子,以引起孩子的兴趣,如"鸭妈妈,数小鸭,一只小鸭来吃米,两只小鸭做游戏,三只小鸭嘎嘎嘎,四只、五只、六七只,依在妈妈怀抱里。"

▲前后和上下

前后:让宝宝将两手放在身体前面和后面,或把玩具放在身前身后,使宝宝明白前后概念。然后扩大到日常生活中,"你看那棵树,是在房子前面,还是后面?"

上下:将物品分别放在桌子上面或下面,进行上、下概念训练。

▲分辨长和短

用两支长度不同的铅笔让宝宝分辨哪支长,哪支短。然后应用到日常生活中,如辨别筷子、裙子、辫子等的长短。

▲分辨多和少

准备 6 个乒乓球、2 个盘子。第一个盘子里放 1 个乒乓球,第二个盘子里放 5 个。问宝宝:"哪个盘子里多?"然后从第一个盘子里拿出 1 个乒乓球,放到第二个盘子里,问宝宝:"现在哪边多?"接下来拿一个问一次,直到两个盘子里的乒乓球数相等的时候,看宝宝是否还能分清多与少。平时结合实际生活,如分苹果,让宝宝懂得多少和大小;和爸爸妈妈比个儿,知道高矮;翻书知道厚薄等。

▲认识早晨和晚上

妈妈可在相应的时间段里,利用文字或照片,帮助宝宝记录家人的所作所为。通过这项活动,使宝宝逐渐建立时间概念。妈妈拿图片,向宝宝发出指令:"天亮了,小宝宝要起床了,这是什么时候?"宝宝回答:"早晨。"妈妈继续发出指令:"月亮出来了,宝宝要睡觉了,这是什么时候?"宝宝回答:"晚上。"

准备起床、刷牙、洗脸的图片以及月亮、灯光、睡觉的图片。妈妈出示起床、刷牙、洗脸的图片,请宝宝观察后回答:"这是什么时候?"(早晨)妈妈出示月亮、灯光、睡觉的图片,请宝宝观察后回答:"这是

什么时候?"(晚上)

如此这般练习,让宝宝认识时间,区分早晨和晚上。

▲辨别前后

爸爸妈妈和宝宝一起玩游戏,妈妈站在最前面,宝宝站在中间,爸爸站在后面。妈妈问:"宝宝,你的前面是谁?"引导宝宝回答:"是妈妈。"爸爸问宝宝:"你的后面是谁?"引导宝宝回答:"是爸爸。"爸爸和妈妈换一下位置,再提问宝宝,

看他能否正确回答。

▲分辨大小

妈妈拿出孩子爱吃的饼干,大大小小小的饼干摆满盘子,告诉孩子"这个是大的","这个是小的"。然后分别让孩子拿大饼干和小饼干,拿对了作为奖励吃掉,拿错了要重新开始。一般孩子很快就能学会分辨大和小,再用玩具和日常用品让孩子复习,以巩固大和小的概念。

五、玩具与游戏训练

▲过家家

与大哥哥、大姐姐一起玩"过家家"。玩过家家时,宝宝常常帮助打下手,如帮助搬凳子、拿东西等。有时充当这个小家的宝宝,让大孩子充当爸爸妈妈。能参与大孩子们的游戏,能与别人合作,听从指挥,对宝宝的社交能力、合作能力、思维能力等都有提升作用。

▲拼图游戏

爸爸妈妈可以自己制作简易拼图。找一幅动物图,一幅水果图,也可以是风景图。如果是一幅动物图,比如狗,可以剪成头、身体、尾巴三部分。如果是水果图,比如梨,可以先切左侧1/3,再切带把的部位,最后切其右侧的1/3。把拼图卡片打乱,让宝宝练习拼图。聪明的宝宝会先把有梨把儿的卡片放在中间,再将剩余的2张卡片一边一个拼好。这样有助于提升宝宝的视觉空间智能。

▲搭积木

爸爸妈妈示范用积木搭一座城堡,然后让宝宝仔细观察和模仿,也搭一座城堡。此游戏目的在于锻炼宝宝的图形认知能力,也帮助宝宝了解图形的组合规律。

▲石头、剪刀、布

先让宝宝认识石头、剪刀、布的手势：拳头代表石头，伸两个手指代表剪刀，把五个手指都张开代表布。石头可以赢剪刀，剪刀可以赢布，布可以赢石头。刚开始，宝宝也许不了解为什么布输给剪刀，剪刀为何输给石头。暂时不要求宝宝理解这一层深意，只要宝宝配合口令伸指头就是这个游戏的趣味所在。该游戏的目的在于培养宝宝的反应能力。

▲玩七巧板

七巧板由一个正方形分割而成7块几何图形板组成，它包括2个大的三角形、1个中三角形、2个小三角形、1个正方形和1个平行四边形。大人要引导宝宝利用7个几何图形板摆出各种图案。这种游戏不仅能发展宝宝的手指精细动作能力，而且能训练宝宝的想象力和思维能力。

▲捏捏橡皮泥

给孩子准备橡皮泥，让宝宝随意地捏，感受其容易变化的特点；让孩子有意识地模仿妈妈捏好的形状；待宝宝熟练以后，再指导宝宝做出一些美观的作品。当孩子的想象力与语言表达能力发展到一定程度时，也可以给孩子提供一些图形或实物，让孩子照猫画虎制作一些东西，以锻炼双手的协调能力，使手的技巧得到发展。

▲卷报纸

准备一张报纸，妈妈示范卷报纸的手法和动作，然后让宝宝动手操作。开始生疏，逐渐熟练。接下来可以让宝宝练习卷小毯子等稍硬、容易卷的东西，再以后逐渐练习卷较柔软的毛巾。此游戏既训练宝宝手腕的灵活性，又训练宝宝双手的配合能力。

▲捡乒乓球

准备2个空篮子、2把取乒乓球的工具（如勺子或筷子）和1筐乒乓球。游戏时妈妈和宝宝各持工具从乒乓球筐里取乒乓球，放到自己的篮子里。计时3分钟，游戏结束后，看谁的篮子里的乒乓球多，多者胜。

▲找同类

找2～3种完全一样的用品或玩具，如2个一样的瓶子、2块一样的积木、2个一样的盒子,散乱地放在桌上。妈妈取出其中两个一样的东西摆在一起,说:"这两个一样。"鼓励宝宝找出第二对和第三对。找出以前学习认物的图片,先选择3对,散乱地放在桌上,让宝宝学习配对。

▲登高取物

将玩具放在高处,在爸爸妈妈的监护下,看宝宝是否学会先爬上椅子,再爬上桌子,把高处的玩具拿下来。宝宝取到玩具时应及时表扬:"瞧!我们宝宝多棒!真能干!"学会了登高取物之后,家长要注意洗涤剂、化妆品、药品等凡是严管的东西,都应锁入柜子内,不能让宝宝自己够取。

▲给花朵上色

妈妈先画一幅花朵的白描画,引导宝宝观察花朵的形状,让宝宝想象花的颜色,并鼓励宝宝说出来。给宝宝准备好画笔,让宝宝往每朵花瓣中填充颜色。目的在于训练宝宝对色彩的运用能力,训练宝宝的精细动作。

▲盲人抓"老鼠"

首先让宝宝看清楚室内的布局,然后把妈妈的眼睛蒙起来,让宝宝扮演"老鼠",边跑边说话:"我在这儿呢!"妈妈循着声音去抓"老鼠"(妈妈应尽量显得困难一些)。接下来交换角色,把宝宝眼睛蒙上,妈妈扮演"老鼠",一边说话一边挪动身体,让宝宝循着声音抓"老鼠"。目的在于训练宝宝的听力、注意力和协调性。

▲记忆训练

孩子的记忆以无意记忆为主,形象记忆占主导地位。记忆带有很大的随意性、无目的性,凡是感兴趣的、印象鲜明的事物,宝宝就容易记住。所以家长要为宝宝提供他感兴趣的记忆材料,如形象生动、有声有色、颜色鲜艳分明的电动玩具。

▲手摸识物

准备一个纸箱子,箱子的两边各挖一个洞(洞的大小以妈妈、宝宝的手臂能伸进去为标准)。箱子里面是宝宝喜欢的玩具,如毛绒熊、布娃娃、小火车、杯子、小碗等。妈妈将手伸进一边的洞,孩子将手伸进另一边的洞。妈妈与孩子摸到同一件物品,让孩子描述其大小和形状特点,并让孩子猜是什么东西。

另外,蒙上眼睛摸东西是孩子非常喜欢玩的游戏,蒙上孩子的眼睛让他摸爸爸妈妈的手、脸,然后区分是爸爸还是妈妈。

▲猜一猜

准备宝宝熟悉的动物或植物图片。爸爸妈妈拿出图片,让宝宝观察上面的动物或植物,并记住其名称;遮住图片的大部分,只让看到图片的一小部分,让宝宝猜猜这是什么动物或植物。通过让宝宝看图片的部分来猜整体,培养宝宝的推断能力和观察能力。

▲涂鸦

爸爸妈妈为宝宝准备纸、蜡笔、胶水、报纸、鸡蛋壳、纸盒等,任他随心所欲地画画,然后让宝宝说说他的画、爸爸妈妈可以启发宝宝:"跟妈妈说说你的画吧,为什么要画小白兔呢?"在欣赏宝宝的作品时,要用些鲜明的、描述性的语言来赞美,可以具体地说说宝宝使用过的颜色和画画的方法等。当爸爸妈妈把宝宝的艺术作品贴在冰箱或墙上,让每个人都看到时,宝宝会知道爸爸妈妈很欣赏他的创作能力。这是增强宝宝自信心的一个好方法。

▲水变冰,冰变水

用冰块盒装水,放入冰箱的冷冻室,待到冻成冰块后,拿出来让宝宝观察自制冰,触摸冰块,对他说:"冰块之所以又冷又硬,是因为放在冰箱里,液体变成了固体。"再将冰块置于太阳下,仔细观察发生什么现象,并告诉宝宝冰块是如何融化的。冰块全部融化后,将冰水倒入玻璃杯中,让宝宝用手触摸,感觉冰水的温度。这个游戏既让宝宝有了"冰凉"和"冰冷"的感受,又丰富了"水、冰、冷、凉"等语言词汇。

▲图形分类

准备大小三角形、圆形、正方形若干个。妈妈首先把其中一个图形如正方形,拿出来放到一边,然后让宝宝把所有的正方形都找出来放在一起。接下来请宝宝按形状把所有的三角形、圆形及正方形都找出来,分门别类放在一起。

▲画饼干

拿出一块圆形饼干,先让宝宝说出其形状,然后让宝宝把饼干的形状在纸上画出来。如果画对了,就把饼干奖励给他吃,画不对的话就协助宝宝把图形画对。宝宝吃一口饼干后,让他看一看,这块饼干还是不是圆形,可能的话,让宝宝把这个饼干的形状也画出来。反过来,先画一个三角形或长方形的饼干,然后让宝宝按图找相同形状的饼干,并把它们放在相应的位置,以此提高宝宝对图形的认知能力。

▲辨认职业

准备一本人物图书,让宝宝看图辨认图画中人物的不同职业,如医生、护士、售货员、司机、老师、邮递员、演员等,并且知道他们的工作地点和干什么工作。

▲折飞机

爸爸先示范折飞机:准备几张正方形或长方形的色纸,首先确定色纸的正、反面,以及边和角;爸爸一边示范一边讲解,让宝宝看清楚后再模仿,必要时手把手帮宝宝折一下。一两次以后,宝宝就学会了。目的在于引发宝宝的好奇心与制作的欲望。

▲踢毽子

买一个毽子,或者自己用旧毛线做一个,然后拿一根绳子系好,教孩子用手拿住绳子,用脚去踢毽子。研究认为,踢毽子还是一种益智的运动呢!

▲长高了,变矮了

和宝宝面对面站好,妈妈说"变矮了",同时蹲下身体;说"长高了",就站起来。宝宝看明白后就可以参加游戏了。当你说"变矮了",宝宝就立即蹲下去;说"长高了",宝宝就立刻站起来。此游戏目的在于训练宝宝的运动协调性和反应的敏捷性。

▲走"梅花桩"

准备几件宝宝喜欢的玩具,在地上间隔一段距离摆放一个玩具,摆成梅花桩样。然后让孩子在"梅花桩"里行走,不要将"梅花桩"碰倒。此游戏需要用眼睛测量玩具间的距离,还要灵活调整自己身体的动作和位置,这对全身的协调性运动都很有益处。

▲飞盘游戏

在户外的空地上,宝宝和家长一起玩飞盘游戏,爸爸妈妈扔沙盘,让宝宝捡回来;交换角色,宝宝扔沙盘,让爸爸妈妈捡回来;尝试并鼓励宝宝可以扔得更远,同时去远处捡飞盘也能很好地锻炼宝宝。

▲拔萝卜

准备一盆干净的沙土、几根小萝卜,儿歌《拔萝卜》的音乐。游戏开始,把萝卜插入沙土中,引导孩子观察萝卜缨子,问:"这是什么呀?"给孩子示范拔出一个萝卜,然后告诉孩子:"这是萝卜。你也拔一个看看吧!"帮助孩子抓住萝卜缨子,拔出萝卜,并给予夸奖和鼓励。让孩子把萝卜拿在手里,观察萝卜的特征,然后插回沙土里。放音乐,配合儿歌的内容,重新做拔萝卜的动作,并指导孩子根据儿歌来控制动作节奏。最初可以让孩子在沙土盆中拔萝卜,等孩子手部力量大一些之后,就可以在花盆中真正种上几棵萝卜或者其他作物,让孩子体验"收获"的劳动过程。

▲图文配对

先拿出人物图片,教孩子认识不同年龄段人群的称呼,如爷爷、奶奶、妈妈、爸爸、叔叔、阿姨等。然后拿出文字卡,教孩子认识与人物对应的汉字;把人物图片摆放在孩子面前,然后妈妈一次递给孩子一张文字卡,让孩子说出卡片名称并找出对应的人物图片。

▲什么不见了

妈妈与孩子面对面坐好,拉开一定距离,准备游戏。妈妈在孩子面前一边出示几件小玩具或仿真水果,一边和孩子一起说出物品的名称,如苹果、小汽车、小熊等。请孩子闭上眼睛,妈妈迅速拿走一样东西,请孩子睁开眼睛,并说出什么东西不见了。逐渐增加难度,开始放3件,逐渐增加到四五件甚至更多。

六、道德与习惯培养

▲独立习惯培养

让孩子学会生活、学会学习、学会合作、学会生存,是孩子将来立足社会的四大支柱。在日常生活中,宝宝自己的事,爸爸妈妈应放手让他自己做。例如让宝宝自己拿筷子、吃饭、收拾餐具、擦桌子、洗手绢、放杯子、挂毛巾,自己叠被子、穿脱衣服等。凡是宝宝能自己做的事,一定坚持让他自己做,从每一件小事做起,给孩子提供锻炼的机会。训练过程中,你可以给宝宝更多耐心和爱心去指导宝宝,培养宝宝做家务和独立解决问题的能力。

▲睡眠习惯培养

为幼儿安排良好的睡眠环境及合理的睡眠时间；避免其睡前过度兴奋或伤心，使之保持稳定的情绪。

▲饮食习惯培养

为保持幼儿进餐时的愉快情绪，增进其食欲，应选择适合幼儿年龄特点的碗、筷子和勺子；进餐前，要让幼儿一起参与准备工作，使其知道碗、筷子、勺子要一人一份且要一一对应；进餐时，要注意力集中（比如不看电视），注意清洁。教幼儿一手扶碗，一手拿勺子将饭菜吃完。

▲洗漱及卫生习惯培养

教会幼儿洗手、洗脸，洗手时让幼儿自己擦肥皂，洗完后自己用毛巾擦干。要根据不同的季节经常给幼儿洗头、洗澡和理发。洗澡前应先向幼儿交代一下，以便使幼儿有心理准备，进而慢慢地学会主动跟大人配合；同时，还应准备一些可洗的、能沉浮的玩具，使孩子在玩耍中愉快地完成洗澡。在日常生活中，家长还可以通过讲故事、说儿歌、做游戏等形式，使幼儿知道要每天洗脚、洗屁股，定期修剪指甲等。

▲排便习惯培养

学会控制大小便对 2 岁的幼儿来说不是件容易的事。因此，当幼儿表露出想要大小便时，要一边告诉他控制，一边快速把他送到便盆或厕所处，同时要对其能有所表示而多加赞赏，并适时地教给他表示想排便的语言。平时，家长注意观察幼儿每次大小便的间隔时间，以便提醒他定时排便。为使幼儿夜间不尿床，在幼儿睡前 1 小时内不应让他喝水或饮料，且上床前一定要排掉小便。

▲学习使用筷子

爸爸妈妈示范用筷子夹红枣到盘子里，然后鼓励宝宝自己夹。最好爸爸妈妈和孩子比赛一下，看谁夹到盘子里的红枣多。手的活动与脑细胞发育有关，用筷子则是一种十分有效的训练方法，通过手指的控制活动而有效地刺激脑的运动中枢，所以家长应早点把如何使用筷子吃饭作为一个重要的教育手段施行。当然，太早了有个安全问题，家长要注意。

▲睡前洗脚

妈妈告诉宝宝每晚睡前都要洗脚,并且和孩子一起洗脚;让孩子的双脚浸入水中,仔细体会热水造成的脚部血流加快的感觉;刚开始妈妈示范,让孩子留心观察洗脚时手的动作和顺序,然后教孩子自己洗脚。洗完后,妈妈告诉孩子要用擦脚巾把脚擦干,倒掉洗脚水,用清水冲洗擦脚巾,最后把洗脚巾晾晒起来。

▲穿衣服、解扣子、系扣子

一般情况是小儿先学会脱裤子、脱上衣,再学会穿衣服;先学会解扣子,再学会系扣子。在日常生活中,让宝宝早上自己学习穿衣、系扣,晚上自己练习解扣、脱衣。爸爸妈妈不要操之过急,不要嫌宝宝笨,不应当剥夺宝宝这种自我服务的机会。比如解扣子练习,给宝宝穿上外套,扣上一颗大纽扣,对宝宝说:"宝宝,解开扣子吧!"如果宝宝做不到,妈妈可以手把手教他怎么解扣子。刚开始练习解开胸前能看得见的大扣子,熟练之后再试着去解小扣子。

▲穿鞋训练

宝宝对左右的概念模糊,容易把鞋子穿反,所以妈妈应当边给宝宝穿鞋边说儿歌:"两个好朋友,从来不分手。要来一起来,要走一起走。穿对了头碰头,穿错了把头扭。"接下来给宝宝讲一讲:"两只鞋子是好朋友,右边的鞋子要穿在右脚上,左边的鞋子要穿在左脚上。如果穿对了就头碰头亲亲热热在一起,如果穿错了两个好朋友就会把头扭向一边。"看着宝宝自己穿鞋,如果穿对了,就给他一个吻,鼓励一下;如果穿错了就提醒孩子:"宝宝的鞋怎么扭着头啊?"让孩子检查一下,重新穿好。

▲家务劳动习惯培养

宝宝长大了,爸爸妈妈要相信他,舍得放手,让他自己干,你会发现孩子原来是如此的有本事,时常会有让大人惊讶和感动的创举。妈妈做家务的时候,可以叫上宝宝帮忙;爸爸做修理工作的时候,也可以拉上宝宝做助手。要让孩子参与到丰富的社会生活中来,在家务劳动中教给宝宝各种知识、方法和技巧,同时注意培养孩子爱整洁、讲秩序和热爱劳动的好习惯。

▲擦桌子

准备抹桌布,妈妈先做示范,宝宝来模仿。擦桌子从上到下,从左到右,从一端逐渐擦到另一端。指导孩子擦完桌面,再擦桌子腿,包括桌腿的里面和桌面的下面。抹布脏了,在水盆或水池里洗洗。

▲认识自己

在这个年龄段,宝宝需要通过认识自己的身体,了解自己并建立自我认同感。爸爸妈妈应教宝宝说出每个身体部位的名称,如"这是鼻子""这是耳朵";让宝宝与其他人比较身体,如"这是宝宝的鼻子,那是哥哥的鼻子,每个人都有一个鼻子,但每个人的鼻子都长得不一样"。或者经常带宝宝照镜子,告诉他身体各部位是什么样的。可以将宝宝的手放在白纸上,帮他画一个手的形状让他看,也可以在他手形上涂上自己喜欢的颜色。

▲自我约束教育

要告诉宝宝他已经长大,不能再像以前那样不懂事、随心所欲了,做事要讲规矩、讲规则。抓住机会激发宝宝的成就感,对他的任何进步和良好表现,都要及时进行表扬和鼓励。

第九步：2岁半，学习单足跳

一、发育与评价（体格、智能）

正常男童满2岁半身长、体重、头围、胸围测量值

项　目	X－2S	X－S	X	X＋S	X＋2S
身长（厘米）	87.2	91.5	95.4	99.3	103.2
体重（千克）	11.00	12.64	14.28	15.92	17.56
头围（厘米）	46.7	48.0	49.3	50.6	51.9
胸围（厘米）	46.3	48.5	50.7	52.9	55.1

正常女童满2岁半身长、体重、头围、胸围测量值

项　目	X－2S	X－S	X	X＋S	X＋2S
身长（厘米）	86.7	90.5	94.3	98.1	101.9
体重（千克）	10.47	12.10	13.73	15.36	16.99
头围（厘米）	45.7	47.0	48.3	49.6	50.9
胸围（厘米）	45.2	47.4	49.6	51.8	54.0

宝宝2岁半时的智能水平

粗大运动	单足站2秒
精细动作	模仿用积木搭桥，穿扣子3～5个
语言能力	看图说出物体的名称10个
适应能力	知道1个与许多的区别，知道红色
社交行为	用两个杯子倒水不洒

二、感官训练

1. 视觉刺激

▲看图记忆

准备一张画有几种动物的图片。让孩子观察图片，并在规定时间内看完。到时间后，把图片拿走，然后让孩子说出刚才看到的图片上都有哪些小动物。如果孩子一时想不起来"小白兔",妈妈可以提示:"还有一个长长耳朵的动物,宝宝说那是什么?"引导孩子回答。

2. 听觉刺激

▲传话训练

爸爸轻声在宝宝的耳边说一句话,然后让宝宝告诉妈妈。妈妈听了以后将宝宝的话大声说出来,问爸爸对不对。刚开始对宝宝说的话可以简单些,提高宝宝传话的准确率,激发宝宝的兴趣。接下来可以逐渐加大难度,说些复杂的、长点儿的句子,以训练宝宝的听力和对语言的理解能力。

3. 嗅觉、味觉刺激

▲嗅嗅花香

带孩子到鲜花盛开的公园里,让孩子观察花朵并告诉孩子:"这是××花。"不断重复"花"的发音,让孩子听并模仿。让孩子摸一摸花瓣,体验花瓣的触感;让孩子凑上去闻一闻花朵的香味,并夸张地说:"啊,好香啊!"加深孩子的印象。看花可欣赏其颜色、形状、香气甚至知道开花的时令,都能给孩子丰富的认知。

▲尝尝苦甜

把几样东西(水果糖1块,苦瓜半根,柠檬半个)整齐地摆好,告诉孩子:"我们来尝尝这些东西都是什么味道吧。"拿水果糖让孩子尝尝,然后问:"嗯,什么味道呀?"告诉孩子:"这是甜的。"拿起苦瓜,让孩子尝尝苦瓜切开的部分,告诉孩子:"这是苦的。"让孩子品尝柠檬,认识酸味。识别味道还可以用不同的饮料或者酱油、醋等作料。每尝完一种味道请宝宝漱漱口,便于更清晰地感受下一种味道。但注意不要用儿童不宜的东西,比如白酒、药水、辣椒水等。

4. 触觉刺激

▲搓珠子

在盆内放入小塑料珠、玻璃珠、木珠等各种珠子,宝宝坐在小椅子上,双脚踩在珠子上,不停地搓动。一定要在大人的看护下进行,避免吞食现象的发生。

5. 位置觉(平衡)刺激

▲走小桥

用废旧报纸、广告纸等捆成一堆堆的,或用泡沫垫子(宽35厘米、高10厘米),组成一个高低不平的"独木桥",让孩子赤脚在小桥上行走。

▲走平衡木

会走的孩子都喜欢挑战,所以早早让他练习走平衡木不失为聪明的方法。在家里让宝宝走在用宽胶带粘成的道路上或者带宝宝走马路牙子是个不错的选择。

三、动作训练

▲跳跃训练

背着跳:家长背着宝宝一蹦一跳,让宝宝逐渐适应跳的感觉。

双足跳:让宝宝学会两脚同时用力起跳。家长握着宝宝单手或双手引导原地跳,跳时配合口令:1、2、3,跳!

单足跳:宝宝已经能单足站立了,就可以练习原地单足跳以巩固单足维持体重的能力。刚开始爸爸妈妈和宝宝对面单足站,亲子双手牵拉着,开始原地跳跃。待宝宝会跳后逐渐放手,允许宝宝单手扶物跳,等到熟练后要求宝宝完全不扶物自己单足跳跃。

从高处跳:让宝宝站在15~20厘米高度的台阶上由家长扶着往下跳,从近距离开始,注意周围地面的安全。

立定跳远:起跳时两腿弯曲,身体略前倾,双臂后伸,呈"飞机"状,做好起跳准备。两岁半的幼儿可以跳15厘米远。

▲攀登训练

提供练习攀爬的道具,如椅子、桌子、沙发、床等日常用品。让孩子攀爬登高,例如爬上椅子取物等,同时做好安全保护。

▲球类运动

(1)投篮。找一个盆子当球篮,教宝宝把球投进"球篮"里。爸爸妈妈可以和宝宝比赛,看谁投进的球多,以增加运动的趣味。

(2)朝目标投掷球。在地上摆一些玩具作为"靶子",让宝宝站在一定的距离之外,把球投向玩具,看看命中率如何。

(3)抛接球。爸爸妈妈和宝宝一起玩,让宝宝把球抛过来,爸爸妈妈接住后,再抛给宝宝。教宝宝用双手接球。开始时抛、接球的距离近一些,待熟练后,逐渐增加距离。可以反复玩。

▲全身训练

继续幼儿模仿操(见 P182)。

四、语言训练

▲看图说话

准备一本图书或者一些图片,内容要简单明了,画面不要太复杂,最好选一些孩子熟悉的动物、植物、生活用品、交通工具等。妈妈与孩子一起看图,一开始由妈妈看图说话,如"这是小熊""小熊在吃蜂蜜"等,边说边指图。看一遍之后,让孩子自己翻书,鼓励孩子自己看图说话。妈妈选择适当时机引导孩子进行描述,如孩子说:"这是小熊。"妈妈可以问孩子:"小熊在干什么?"让孩子回答,并让孩子边指相应图片边描述。

▲增加语言的难度

宝宝 2 岁半,可以学习一些关键词汇和重要句子了。当他掌握了词组的用法之后,就要教他短句,并逐渐增加句子的长度,并给他机会,让他多多练习。不要怕他出错,也不要训斥他,要多表扬、多鼓励。只要有时间,就尽量多与宝宝说话。

▲为孩子朗诵

妈妈选择一些故事简单、色彩鲜明的图书,经常给孩子朗读。图书可以刺激视觉发育,朗读声可以诱导语言发展。妈妈朗读要富有感情,富有韵律,对宝宝要有吸引力。一本书如果重复讲了很长一段时间,也可以尝试鼓励宝宝和你一起来朗读。别忘了时不时地和孩子交流一下,听听他稚嫩、有趣的表达。

▲说儿歌——《小朋友》

一个小朋友,走走走,遇见一个好朋友——点点头;

两个好朋友,走走走,遇见两个好朋友——握握手;

三个好朋友,走走走,遇见一个老爷爷——扶他慢慢走;

四个好朋友,走走走,遇见一块大石头翻个大跟头;

许多许多的小朋友,遇见很多很多好朋友,点点头,握握手。

▲说儿歌——《下雨啦》

滴滴答,下雨了;小雨鞋,穿好啦。

伸出手,雨滴落在手上;哎呀,冰凉冰凉。

抬起头,雨滴落在脸上;哎呀,冰凉冰凉。

伸出舌,雨滴落在舌上;哎呀,冰凉冰凉。

小宝宝,出门了;小雨伞,打开拉。

▲认识数字

妈妈把0~9数字卡片或数字玩具按照顺序放在孩子面前,对孩子说:"今天,我们来认识数字0~9,和妈妈一起看看它们都像什么。"比如"0像鸡蛋,1像筷子……"并拿出筷子和数字卡片1对比;"3像耳朵……"用同样的方法继续进行数字和实物的对比,给孩子留下深刻印象。妈妈还可以让孩子自己去寻找和数字相像的事物,这样既发挥了孩子的想象力,又增强了趣味性。

▲学数数

吃饭时,妈妈可以让孩子帮着拿碗和筷子,然后问孩子:"有几个碗?几双筷子?"如果孩子说不出来,妈妈可以引导孩子按实物数一数。散步时,妈妈可以和孩子一起数数路边有几棵树;穿衣服的时候,可以让孩子数一数自己衣服上有几颗扣子。妈妈还可以让孩子按数量拿东西,比如做游戏时,妈妈让孩子拿出2块积木、1个玩具等。

▲里面和外面

妈妈先把玩具小狗放在纸盒里,盖上盖;把玩具小猫放在纸盒外。然后对孩子说:"小狗在纸盒里面,小猫在纸盒外面。"接下来把小狗拿出来,把小猫放到盒子里。这时启发孩子:"小猫在盒子里面,小狗在盒子外面。"鼓励孩子自己把玩具放到盒子里、拿到盒子外,并正确说出里面和外面。

▲区分长、短

用筷子教孩子认识长短:每天吃饭的时候,妈妈拿出长短不一的筷子,告诉孩子:"这根长,这根短。"然后让孩子自己区分长短。先让孩子找出最长的那一双递给爸爸,再让他找出最短的留给自己。每天让孩子练习两三次,很快他就能辨别筷子类棍棒的长短了。用卡片教孩子认识长短:妈妈和孩子一起动手制作宽度一样但长短不一的卡片,把它们贴着桌边整齐摆放在桌上。每次让孩子找出最长的一张,把它拿出来,直到卡片都挑完。要保证所有卡片都在同一水平线上。

▲认识三角形

准备三角形及各种形状的卡片。妈妈出示一个三角形的卡片,让孩子看一看,摸一摸,使他感知三个尖尖的角。妈妈指着三角形的卡片对孩子说:"这是三角形。"并请孩子重复一遍。妈妈再将准备好的各种形状的卡片摆放在孩子面前,并请孩子从各种卡片中找出三角形的卡片,要求孩子一边拿一边说:"这是三角形。"

▲形状配对

准备2个塑料瓶、包装带、毛线、圆形和方形饼干。用2个塑料瓶、包装带和毛线分别做2个塑料娃娃,在瓶的一侧贴上娃娃的眼睛和鼻子。把一个塑料瓶娃娃的嘴巴剪成圆形,把另一个塑料瓶娃娃的嘴巴剪成方形。妈妈拿出圆形和方形两种形状的饼干,让孩子认识。再让孩子观察塑料瓶娃娃嘴巴的形状,然后告诉孩子:"塑料瓶娃娃饿了想吃饼干,但是只能吃和它们嘴巴形状相同的饼干,你喂娃娃饼干吧。"请孩子给圆嘴巴的塑料瓶娃娃喂圆形饼干,给方嘴巴的塑料瓶娃娃喂方形饼干。

五、玩具与游戏训练

▲舀水

准备1个小碗、1个杯子、1把勺子、水适量。小碗中盛满水,然后用勺子舀水倒入空杯子。

▲开盖

在一个盒子里放入物品(糖果、饼干、玩具、积木等),然后盖上盖子。这时让孩子打开盖子取出物品。年龄较小的宝宝可以撕开或捅破盒子,把物品拿出来。

▲拆装游戏

把玩具一一拆开,然后装上;拔下瓶盖(广口),再盖上;插塑积木,插了拆,拆了插,几个小朋友可以比赛,看谁插得多,看谁拆得快。

▲动物排排队

把一套仿真动物模型摆在孩子面前,跟孩子一起确认动物的名称。跟孩子说:"看看它们之中,谁的个子最大?"帮助孩子把最大个的动物挑出来,摆在旁边。继续问:"剩下的这些里面,谁的个子最大?"让孩子挑出最大的,放在刚才挑出来的那个右侧。继续这样做,直到所有的动物从高至低排成一排。要允许孩子反悔和犹豫,遇到个头相似的动物,也要积极地帮助孩子解决问题。

▲跟着妈妈学手势

妈妈做5个手势。手势1:伸出大拇指(表示很棒)。手势2:伸出中指和食指(表示胜利)。手势3:伸出小拇指。手势4:握拳。手势5:伸出5个手指。要求孩子在妈妈做时认真看,妈妈示范完后,让孩子跟着妈妈做一遍。爸爸妈妈可以在平时生活中创造一些手势,比如孩子喜欢的球或某种动物,或是孩子最喜欢的食品、家里常看见的物品等,这些都是练习手势的好题材。至于球、大象、苹果、电脑的手势怎么比,需要家长引导孩子一起想象和创造。

▲抓住游泳的小鸭子

洗澡时,让孩子坐在浴缸中,里面放一些漂浮的玩具,如小鸭子,用手划拉水,使玩具游向孩子。妈妈要用夸张的声调对孩子说:"宝宝,小鸭子来啦,快抓住它,小鸭子要跑掉了!"让孩子用手去抓小鸭子。孩子第一次玩这个游戏的时候,也许抓握玩具动作不准确,但多玩几次以后,孩子的准确度会大大提高,会尝试探索更多玩法,如试着推动玩具在水中漂游。

▲谁会游泳

准备几张动物的卡片,如鱼、鸭子、河马、鳄鱼、小鸡等,再准备一张小河的图片。把动物卡片放在小河图片旁边,问孩子:"小动物们要到河对面去,想一想哪些动物能游过去?哪些动物不会游泳?"让孩子把会游泳的和不会游泳的动物分类,并问孩子:"会游泳的小动物都游到河对面了,那么这些不会游泳的小动物怎么办呢?"让孩子思考。妈妈用彩纸折一只玩具小船,然后引导孩子用小船将小动物们载过河。

▲走迷宫

爸爸妈妈在纸上画一个迷宫,然后和宝宝一起玩走迷宫游戏。比如"小猫钓鱼"的游戏,可以在纸上画3只小猫,每只小猫都拿着一根钓鱼竿并拉出长长的线去钓鱼,3根线在下面交错着,分别吊着3条不同颜色的鱼,让孩子找找3只小猫分别钓到了哪个颜色的鱼。也可以设计成只有一只小猫钓到了鱼,让孩子找找看是哪只小猫钓到了鱼。还可以利用家中的桌子、椅子、玩具等,做出一个立体的迷宫,让孩子在里面穿行,自由地活动。爸爸妈妈不要打扰他,只在旁边观察,注意孩子的安全。

▲折纸

妈妈准备一些正方形的彩纸,然后教孩子将正方形的纸对角折成三角形,再将两边的锐角向下折成猫耳朵,把下面的直角往上折。妈妈教孩子把折好的纸倒过来,用笔画上眼睛、鼻子、嘴,就做成一只可爱的猫咪了。爸爸也可以教孩子折飞机,然后教孩子把飞机飞起来。

▲添画

妈妈可以在孩子画得乱七八糟的线条中挑出和某些物体相似的图形问孩子:"这是不是太阳?我们再给它加上几笔,就更像太阳了。"或者"这是不是毛毛虫?我们来给它画上脚吧。"边说边添上简单的几笔,以此调动孩子画画的兴趣。随着孩子画画技能的提高,妈妈可以用添画的方法,鼓励孩子画一些较为复杂的线条。如妈妈画小鱼,孩子添水草;妈妈画小鸡,孩子画小米、小虫等。

▲为娃娃选衣服

为孩子准备一个玩具娃娃和几套衣物。妈妈和孩子一起进行情景游戏。妈妈对孩子说:"我们要带娃娃出去玩,出门前要先给娃娃穿衣服。"然后把衣服和娃娃放在孩子面前,问孩子:"娃娃头上应该戴什么?""夏天应该穿什么衣服?""冬天外出时应穿什么?"鼓励孩子说出正确答案,并从衣服中挑选出来。和孩子带玩具娃娃一起出去玩,然后引导孩子告诉娃娃:"天黑了,我们该回家了。"回来后,再让孩子给娃娃脱衣服。

▲给娃娃洗澡

每天给孩子洗澡时,按以下的程序进行:给浴盆加水—用手感知和调试水温—给孩子脱下衣服—小心进入浴盆—先洗脸—再洗头—最后将身体洗干净—站起身来—用喷头再将身体冲一遍—擦干头发和身体—穿上衣服。准备一个仿真娃娃,请孩子扮演娃娃的妈妈或爸爸,让孩子按照程序为仿真娃娃洗澡,妈妈在一旁观察和协助。

▲了解物品的用途

将生活中常见的物品,如水杯、帽子、书、彩笔、衣服、碗、笔记本、苹果、糖块等摆在孩子面前。拿起水杯,问孩子:"知道这是什么吗?是做什么用的呢?"用提示或者现场演示的方法告诉孩子正确的答案。让孩子自己玩,看他喜欢摆弄什么物品,然后告诉他用途。掌握了简单的分类之后,也可以跟孩子玩竞赛类的游戏,妈妈随手拿起一件东西,让孩子去找一件同类的东西;然后孩子再拿出一件东西,让妈妈去找同类的东西。

六、道德与习惯培养

▲饮食习惯

教孩子独立进餐,注意正确的吃饭姿势,专心吃饭不玩耍,咽下最后一口饭再离开餐桌。学会双手捧着碗喝水,饭后会漱口,并用餐巾纸擦嘴。对挑食的幼儿,家长要注意控制吃零食,并且不要在幼儿面前表现出自己不喜欢吃某种食物。幼儿挑食时不要批评,应鼓励他,同时,要用色、香、味俱佳食物诱发幼儿的食欲。家长还可以带孩子一同买菜、择菜、洗菜、做饭,引导幼儿喜欢看蔬菜,进而喜欢吃蔬菜。

▲睡眠习惯

让孩子自己上床入睡;睡眠时,要根据室温决定给孩子盖多少被子;根据宝宝的年龄与体质,安排睡眠和起床的时间。

▲排便习惯

培养幼儿良好的排便习惯,对小便急或小便失禁的幼儿,不要当面斥责,应让他们知道,一有小便的感觉,要马上做出表示或用语言提出,成人要立刻带幼儿如厕。要教给幼儿坐便盆的正确姿势,并注意每次坐便盆的时间不能超过 5 分钟,不要让他们长时间坐在便盆上玩耍或吃东西。

▲学习用筷子

妈妈示范用拇指、食指、中指三个手指拿筷子,让孩子模仿。并排摆放两只碗,一个碗中盛有海绵、玩具等物品,另一个碗是空的,让孩子把一个碗中的物品夹到另一个碗中。还可以增加两个碗的距离,或者换一些比较难夹的物体让孩子夹。反复练习,筷子夹物品的动作就会熟练。熟练使用筷子对孩子来说是一种挑战,因此,在平时吃饭的时候要鼓励孩子使用筷子。

▲学习穿衣服

妈妈先示范穿衣服,然后让孩子尝试着自己穿。先从配合妈妈穿衣服开始,逐渐增加孩子的任务,直到孩子学会自己穿衣服。对孩子的进步要及时肯定和鼓励。孩子遇到困难时,比如系扣子、系鞋带等,妈妈先示范,宝宝重复练习。穿戴完毕,帮孩子检查一下:扣子是否对齐,口袋、领子是否翻出来等。

▲做家务

要教宝宝做一些力所能及的事情,培养孩子爱劳动的习惯,如洗衣服时,让宝宝和成人一起洗衣服、晾衣服、收衣服、叠衣服等。在成人提示下,让宝宝学会穿脱衣服和鞋袜。

▲自理能力培养

家庭是培养宝宝独立性的重要场所。父母要根据宝宝独立性的表现,在2～3岁这个关键时期,因势利导地培养其生活自理能力。"自己的事自己做",包括用杯子喝水、用勺子吃饭、自己大小便、穿鞋袜、收拾玩具等。若错过时机,形成依赖和懒惰的习惯,改正就难了。

▲玩过玩具后要归位

爸爸妈妈为孩子设定一块活动区域,再准备一个储物架,把孩子的各种玩具分门别类地放好。妈妈每次给孩子讲完故事,都有意识地让孩子送书回自己的"家"(书架)。每次玩完玩具后,爸爸妈妈都要以游戏的口吻提示孩子送玩具"回家"(玩具架)。这样有利于孩子建立良好的秩序感。

▲礼貌习惯培养

在交往过程中,家长要让孩子懂得排队、轮流、谦让与合作;在交往过程中，要教会宝宝使用简单的礼貌用语，如"您好""您早""谢谢""再见"等。

▲交往训练

无论对宝宝还是对大人，一起玩耍都是件相当幸福、快乐的事情。一起玩耍、互相交往还有助于开发宝宝语言、行为能力和大脑智力，给他带来很多鲜活的知识。通过与父母、小朋友和周围人的接触和玩耍，宝宝摄取的信息量会不断增加，大脑中储存的知识也会越来越多。

▲交换玩具

如果孩子希望得到别人的玩具或食物，就让孩子拿着自己的东西用商量的口吻和友好的态度与别人交换物品。交换玩具或食物可以满足孩子的好奇心，还可以防止孩子独霸和占有欲的产生。当孩子想要别人的东西时，要在接受了别人的东西后，通过比较使孩子知道交换的真正含义。

第十步：3岁，学习骑车

一、发育与评价（体格、智能）

正常男童满3岁身长、体重、头围、胸围测量值

项 目	X－2S	X－S	X	X＋S	X＋2S
身长（厘米）	91.3	95.1	98.9	102.7	106.5
体重（千克）	11.81	13.56	15.31	17.06	18.81
头围（厘米）	47.2	48.5	49.8	51.1	52.4
胸围（厘米）	46.9	49.2	51.5	53.8	56.1

正常女童满3岁身长、体重、头围、胸围测量值

项 目	X－2S	X－S	X	X＋S	X＋2S
身长（厘米）	90.0	93.8	97.6	101.4	105.2
体重（千克）	10.88	12.84	14.80	16.76	18.72
头围（厘米）	46.2	47.5	48.8	50.1	51.4
胸围（厘米）	46.1	48.3	50.5	52.7	54.9

通常采用"粗大运动、精细动作、语言能力、适应能力、社交行为"这五大指标评估小儿的智能发育水平。

宝宝3岁时的智能水平

粗大运动	会跑，会骑三轮车，可以双脚交替跳，单脚独站10秒钟，可以接住抛过来的球
精细动作	折纸边角整齐（长方形），模仿画十字
语言能力	懂得"冷了""累了""饿了"，能说短歌谣，能数几个数
适应能力	认识两种颜色，懂得"2"，能认识画上的东西，认识男女
社交行为	会脱、穿简单的衣服，会系扣子，具有自尊心、同情心、害羞

二、感官训练

1. 视觉刺激

▲看三维图画

孩子3岁了,开始对远近、前后、左右等立体空间有更多的认识,这时家长可以给孩子准备一些三维空间图画、三维空间玩具,引导宝宝的视觉从二维向三维转化,激发想象力。

▲认识季节

春天,妈妈带着孩子在院子里、花园里观赏春天的景色,让孩子自己去认识春天里的花、树、燕子等,找寻春天来临的感觉,让孩子自己玩耍。夏天,妈妈带孩子到花园里、大树下,听蝉的叫声,并告诉孩子,只有夏天才能听到蝉的叫声;若孩子自己想去寻找蝉,妈妈不要阻止。秋天,妈妈告诉孩子秋天会有菊花及各种水果。冬天,妈妈带孩子滚雪球、堆雪人,让孩子尽情感受冬天,观察冬天景物的变化。

2. 听觉刺激

▲听儿歌、听童谣

挑选一些儿歌和童谣经常播放给宝宝听。宝宝在一边玩一边听的情况下不知不觉很快就听完了。时间安排上可以根据每个宝宝的情况进行,例如宝宝早上起床后听唐诗和儿歌,中午吃饭的时候可以听古典音乐,下午可以听听儿童歌曲,晚上听一听寓言故事。除了唐诗和寓言故事的内容是固定的,其他时间听什么、听多少可以弹性掌握。其实宝宝除了整天待家里听东西之外,还要多带他到户外活动。

▲打击乐

准备7～10个玻璃杯,摆成一排,然后往玻璃杯里注入不同高度的水,让孩子按照水位由低到高给杯子排队。然后,让孩子拿筷子去敲击不同的杯子,并让孩子体会他听到的声音;引导并协助孩子观察比较水位与声音的关系,分辨出哪个杯子发出的声音高,哪个杯子发出的声音低。妈妈和孩子一起调整水量,使水杯能发出 Do、Re、Mi 等音阶,然后演奏乐曲,激发孩子的演奏兴趣。

3. 嗅觉、味觉刺激

▲闻一闻,猜一猜

准备分别盛有酱油、醋、香油和水的瓶子,打开瓶盖,让孩子闻一闻,告诉他里面是什么东西,然后盖上盖,打乱顺序。接下来让孩子闭上眼睛,闻任意一个瓶子里的液体并猜一猜是什么东西。鼓励孩子在平时的吃饭中,品尝饭菜加了那种调料,把嗅觉和味觉统合起来。

4. 触觉刺激

▲摸摸"看"

准备一些孩子熟悉的不同种类的玩具,比如毛绒玩具、小汽车、积木、皮球、橡皮泥、跳绳等。爸爸妈妈先做示范,闭上眼睛摸玩具,然后准确说出玩具的名称。接下来鼓励孩子闭上眼睛,进行摸物练习,同时鼓励孩子说出玩具的名称。

5. 位置觉(平衡)刺激

经常带孩子到公园里荡秋千,坐旋转木马,开碰碰车、碰碰船,让孩子在享受旋转运动的过程中,使位置觉得到训练。

三、动作训练

▲玩四季

一年四季经常带孩子到户外活动,充分享受阳光、空气、海洋、沙滩、森林等大自然的恩赐,进行日光浴、空气浴、水浴、森林氧吧浴。春天,晒太阳、放风筝;夏天,划船、游泳;秋天,爬山、摘果子;冬天,滚雪球、堆雪人。

▲脚掷玩具

妈妈和宝宝面对面坐在地板上,相距2～3米。妈妈用脚夹住一个玩具,身体后仰,抬高双脚,把玩具扔出去。接下来让孩子用脚掷玩具。

▲骑"自行车"

孩子3岁,可以开始骑自行车(后装两轮的)了。自行车方向不易掌握,容易摔跤。虽然骑自行车比骑三轮车难度大一些,但是在爸爸妈妈的帮助下,只要坚持,很快就会适应。孩子到了五六岁脚可以着地了,就可以卸掉那两个后轮,骑真的自行车了。

▲全身训练

继续幼儿模仿操(见 P182)。

四、语言训练

▲增加宝宝的"阅读量"

家长不但要为宝宝读书,而且要鼓励他自己读书,用自己的话说出来。当你看书写字的时候,可以让宝宝爬到膝盖上来同你一起看,或给他一张纸、一支笔随他乱画,他会感到很好奇、很有趣。耐心地解答他的各种稀奇古怪的问题,或者与宝宝一起探索问题的答案。

▲爸爸妈妈和孩子一起来阅读

在家里给孩子布置一个放书的空间,比如一个小书架或小书柜,高度以孩子能拿到为宜。旁边准备一张小桌子、一个舒适的靠垫或供孩子坐的小板凳。根据孩子能接受的阅读范围,结合孩子喜欢的玩具、动画片和孩子感兴趣的内容选择图书,比如图文并茂的儿歌和情节简单的童话以及介绍方位概念、科学常识等启发教导性图书等。爸爸妈妈和孩子一起看书,并给孩子讲解书中的内容和故事。爸爸妈妈可以采用更多的阅读方式,比如爸爸妈妈讲一点,问问孩子接下来想知道什么;或者爸爸妈妈讲一页,孩子讲一页。

▲爸爸妈妈问,宝宝答

爸爸妈妈可以经常为孩子讲故事,并在一段时间内重复一个故事。等孩子熟悉故事之后,爸爸妈妈就针对这个故事对孩子提问,如讲完《小猫钓鱼》的故事,爸爸妈妈可以这样提问:"这个故事叫什么名字?""小猫钓到鱼了没有?""小猫为什么没有钓到鱼?"等。让孩子回答问题。随着孩子年龄的增长,爸爸妈妈可以提高问题的难度,如可以问:"小猫下次还这样钓鱼的话,它会钓到鱼吗?"

▲数数训练

利用日常生活的各种机会,经常数数给宝宝听,如给宝宝一颗、两颗糖果,上下楼梯数台阶等。借助不同的物品,如手指、积木等,和宝宝一起数数,增加宝宝对数字的感性认识。利用物体或动物的形象,教宝宝认识数字符号,如1像筷子,2像小鸭子,3像耳朵,等等。

▲打电话

现在手机、电话很普遍,可以说孩子是听着妈妈打电话长大的。所以当孩子会说话了,家长就有意识让孩子学习打电话。打电话也是孩子学习语言、增强语言交流的练习,同时对他的社会交往都有非常大的帮助,因为孩子可以通过电话让对方感受到自己的情绪和情感。妈妈要引导宝宝学会电话中常用到的文明礼貌用语,这对他一生的人际沟通都会有好处。"您好!""谢谢!""再见!""不客气!"等。这个游戏对语言进行训练的同时,对于其社会性、独立意识的建立都有很大的帮助。

五、玩具与游戏训练

▲走迷宫

准备迷宫图片或电脑课件,家长和宝宝一起走迷宫。设计各种迷宫,将儿歌、唐诗、数学等内容都融入走迷宫游戏中,让宝宝在轻松愉快又富有挑战的情境中,学到知识,提升经验,掌握走迷宫的方法。

▲找不同

准备2张图片(图片细节上要略有差别),先把其中一张放到孩子面前,问孩子画面上有什么,让孩子仔细观察并说出来。然后把另一张图片也放在孩子面前,让孩子找找2张图片中有哪些地方不一样,鼓励孩子说出来。孩子回答正确时,妈妈要及时表扬孩子。

▲认识不同几何体

准备各种各样的几何体,如长方体、正方体、圆柱体、棱柱体、圆锥体、棱锥体、球体等。家长和孩子一起先选择差别大的两个几何体,比如球体和棱锥,让孩子看一看、摸一摸,然后蒙住孩子眼睛,让他用手分辨不同的几何体。以后逐步选用相似的几何体,比如棱柱和圆柱练习,直到孩子能够准确识别所有几何体。

▲木棍排队

家长和孩子一起在桌边坐好。准备粗细相同、长短各异的木棍;把木棍散放在桌子上,向孩子提问,比如"哪一根木棍是最长的?"然后观察孩子的动作过程。当孩子找到最长的一根时,及时表扬并协助孩子把它放在桌子的左上角。接下来引导孩子继续寻找最长的一根,并把它排放在第一根的右边;如此这般找下去,并鼓励孩子依次从长到短排列所有的木棍,并强化孩子顺序的概念。

▲画太阳

准备彩笔、白纸、太阳挂图。刚开始画时爸爸妈妈画给孩子看,在画的时候边画边告诉孩子怎么画,鼓励孩子说出太阳的形状和颜色,逐渐吸引孩子自己画。接下来让孩子尝试拿起画笔来像爸爸妈妈一样画。如果孩子不敢动手,可以先握住孩子的小手在纸上画圈,再鼓励孩子独自画。爸爸妈妈帮助孩子完成画太阳以后,再协助孩子给太阳涂上颜色。

▲做纸花

准备彩纸、安全剪刀、胶棒、铅笔。爸爸妈妈用铅笔在彩纸上画出大小不同的花朵图案,然后给孩子演示用剪刀沿着图案的外缘把花朵剪出来。帮助孩子正确地使用剪刀,学习剪纸。最初妈妈可以握住孩子拿剪刀的手一起剪。把剪下来的花朵图案按照下大上小的规律排列好,纸花的中央涂点胶水,把纸花粘在一起,形成一朵花。不管孩子完成得怎么样,都要给予鼓励和肯定。孩子勇于动手、勤于动手的好习惯是最重要的。

▲撕图

准备一张白纸,用缝衣针在纸上扎出三角形、圆形、长方形,让孩子用手撕出不同的图形。尽量鼓励孩子能够比较规整地撕出三角形、圆形和长方形,以此来锻炼孩子手部肌肉的灵活性及手指的控制能力。待孩子手部肌肉的控制及灵活度越来越好时,可以尝试让孩子用手撕出不同形状的小动物,以锻炼孩子手部精细动作的发展及想象力。

▲做彩带

准备彩纸若干张、胶水、优美的音乐。妈妈拿起一张纸,撕成一条一条;再拿起一张纸,撕成一条一条;接下来妈妈和孩子一起用胶水将一条条的纸条粘连成两条长长的纸条(彩带)。播放优美的音乐,和孩子说说彩带的颜色,让孩子每只手抓一条彩带挥舞起来。让孩子观察彩带飞舞的路径,想象并创造出不同的彩带挥舞动作。游戏结束后,指导孩子把散落在地上的碎纸、纸条、彩带收集起来,放到盒子里。看到自己的收获,孩子会很开心。

▲画画

让宝宝自己拿笔画画,想画什么就画什么。开始时,爸爸妈妈给他做示范。

▲用橡皮泥做模型

教宝宝用橡皮泥捏出一定的造型,比如小动物的头、花朵等。

▲剪纸

爸爸妈妈和宝宝一起剪纸。开始时,可以让宝宝随意地剪。等熟练后,可以在纸上画一些轮廓线,让宝宝沿着轮廓线剪出一定的形状。

▲投球

准备旧包装盒、剪刀、彩笔,小球。在废旧包装盒上画上小丑的五官和帽子,将小丑的嘴巴、眼睛用剪刀剪掉,这样小丑的脸上就出现了大小不同的洞。将小丑的鼻子、帽子等用彩笔涂上漂亮的颜色后靠在一面墙上,让孩子将小球投进小丑面具的洞里。孩子开始练习时,能投进小丑嘴巴的大洞里就已经很不错了,待孩子熟练之后,再请孩子将球投进小丑的眼睛的小洞里。

▲临摹形状

准备彩色铅笔或水彩笔、硬质纸以及各种形状的保鲜盒、糖果盒。妈妈拿一张硬质纸放在桌子上,把保鲜盒扣放在纸上,然后用水彩笔沿着保鲜盒边缘在纸上画出保鲜盒的样子和轮廓。妈妈教孩子正确的握笔姿势,让孩子选择自己喜欢的保鲜盒或糖果盒进行描摹。形状描摹好之后,妈妈鼓励孩子用水彩笔涂上自己喜欢的颜色。

▲手影

准备蜡笔、白纸。爸爸妈妈在太阳光下,或者灯光下,用手做各种手势,如模仿鸭子、蝴蝶等小动物。让孩子观察墙上或者地上的手影,问孩子:"这个影子像什么呀?"启发孩子的想象力,让孩子猜一猜手影比画出的图形像什么。让孩子也学一学手影手势,然后试着和妈妈一起把手影在纸上画出来,并涂色。

▲开车

妈妈装成一个小司机:"我是一个小司机,开着汽车真神气,嘚儿——驾!"然后让孩子指出其中的错误,并发出正确的声音:"小汽车,嘀——嘀!"还可以把车辆随意更换:"我是一个小孩子,骑着自行车真神气,嘀——嘀!"让孩子指出其中的错误,并发出正确的声音:"自行车,丁零零!"还可以把车辆随意更换:"我是一个小孩子,赶着马车真神气,丁零零!"让孩子指出其中的错误,并发出正确的声音:"马车,嘚儿——驾!"另外,可以让孩子模仿救护车、警车、消防车的声音。

六、道德与习惯培养

▲学做八宝粥

妈妈和孩子一起准备葡萄干、红枣、红豆、大米、芸豆、莲子、麦仁、花生米等制作八宝粥的原材料。将所有材料放到小盆里,检查食材是否完好,引导孩子记住每种材料的名称,并帮助孩子一起洗干净。将洗干净的几种材料放到电饭锅里,加入适量水,按下煲粥的一档,等待。八宝粥做好后,用勺子盛到碗里,进行品尝,并让孩子尝试说出红枣、葡萄干、莲子、花生米等的味道。

▲感知冷与热

用杯子盛不同温度的水,滴在孩子的胳膊上,一边清楚地说出"这是凉的""这是热的"。反复试验,让孩子体验并说出来是热还是凉。接下来可以将两杯水的温度差别逐步缩小,让孩子感觉并说出第二杯水比第一杯水更凉还是更热。实际上如果没有特殊情况,孩子每天都可以洗澡,感知冷热就在洗澡过程中进行。

▲给布娃娃穿衣服

给孩子买一个可以穿脱衣服的娃娃,让孩子帮娃娃穿、脱衣服。妈妈还可以给孩子准备一些更丰富的装饰物,如各种各样的帽子、丝巾、发夹等。让孩子挑选自己喜欢的衣服和配饰给布娃娃穿戴。然后,妈妈和孩子一起讨论一下:这样的搭配好不好?如果换个搭配,效果怎么样?培养孩子的色彩搭配和欣赏能力。

▲布置房间

妈妈和孩子一起设计布置房间方案。如果孩子向爸爸妈妈征求意见,家长要鼓励孩子提出自己的建议并对他说:"这件事你自己做主,我们相信你一定会做好的。"孩子布置好房间后,如果可行,妈妈要称赞孩子。如果有不妥之处,妈妈也不要批评,而是要鼓励孩子,比如对孩子说:"如果这个桌子放在这儿就更好了。"

▲诚信小故事

经常给孩子讲关于诚信的故事。例如《手捧空花盆的孩子》,要告诉孩子故事中手捧空花盆的孩子,宁可失去"当未来的国王"的机会,也不用假成绩去欺骗国王,这种诚实的品质是很值得学习的。教孩子要讲诚信,爸爸妈妈自身就应具备诚信的品质,以身作则,因为爸爸妈妈的一言一行对孩子的影响是很大的。

▲记忆力培养

在日常生活中,给宝宝提出各种记忆任务,培养宝宝的记忆习惯。比如周末带宝宝去公园之前,让宝宝留心公园中有哪些植物、各种植物长成什么样、是怎么样去公园的等,晚上回家后要求宝宝说给爷爷奶奶或者其他人听,宝宝复述时可以帮他记录下来,使宝宝产生一定的成就感。或者晚上临睡前,告诉宝宝明天要做哪些事、什么时间做等,让宝宝帮妈妈记住,到时候及时提醒妈妈。

▲自尊心、独立性培养

注意对宝宝说话的口气和方式,要认真听宝宝讲话,使宝宝感到你在尊重他。如,宝宝吃饭不要硬逼,让宝宝做事尽量不用命令的口吻,不要当众呵斥宝宝"不争气""没出息""笨蛋"等,这样会深深伤害宝宝的自尊心。珍惜宝宝自我独立的意向,给予热情鼓励和支持,使独立性不断发展,而不要过度保护宝宝。如让宝宝独宿一室,不与父母同住;宝宝刚学走路时,跌倒了,让他自己爬起来。

基 础 篇

一、宝宝出生了,新手爸妈怎么想

千般呵护,万般期待,终于等来了宝宝降生。新手爸妈忙乱之余、高兴之后,就该思考怎样养育孩子了。显然,男孩英俊、女孩靓丽,并不是新手爸妈所考虑的,他们最关心的是孩子的健康和聪明。

健康问题,给孩子母乳喂养、预防接种、细心护理、有病看医生、没病常预防就可以了。

聪明(智商、情商)问题,就是早期教育问题,这是一个很复杂的问题。

二、为什么说教育从出生开始

很多人认为新生儿啥也不懂,认为教育没有用,不知道从何处下手,从而坐失良机。其实,宝宝一出生就能看见人和物,就有模仿功能;宝宝一出生就能听见声音,就有发音功能。只要孩子有感觉,就具有学习能力;只要孩子有学习能力,家长就有教育义务,教育就有用。所以早期教育从宝宝一出生就开始了。

三、早期教育的理论是什么

早期教育的理论有三。

其一,新生儿一出生脑细胞达到1 000亿个,其中能发号施令的神经元120亿~140亿,其余的是具有支持和营养功能的神经胶质细胞。脑细胞是智力的基础。0~3岁是婴幼儿大脑发育最快的时期。从脑重量看,新生儿脑重平均370克,6个月为出生时的2倍,2岁末约为3倍,3岁时脑重已接近成人脑重的范围。研究已经证明早期良好育儿环境,对大脑发育有重要影响。若婴儿一出生就在良好环境中生长,有可能发展为超常的智力。

其二,年龄越小,接受刺激和信息的能力越强。刚出生没几天的新生儿,听到说话声或关门声会"吓"得一哆嗦。这说明孩子能听见声音了,并且对声音做出相应的动作反应,只不过动作大一点,这是新生儿动作容易泛化的特点。实际上耳朵能接受声音,并将声音信号传入大脑,大脑听觉中枢联合大脑运动中枢对听到的声音做出动作反应。同样,新生儿受到光线刺激会立即闭上眼睛。这些现象都说明新生儿能接受外界的刺激和信息。

其三,大脑在不断增重增长(生长过程)和接受刺激信息的同时,脑细胞之间互相连接形成脑细胞网络(发育过程)。脑细胞彼此间联络的线路绝大多数在出生开始,受到外界环境的刺激而逐步发展形成。脑细胞联络线路越多,就越能发挥各细胞之间的分工合作。脑细胞网络越大越牢固,孩子反应越快越聪明。因此,0~3岁是人的一生中最重要的阶段,此期所获得的体验和经历,对大脑的发育帮助最大。

四、早期教育的真谛是什么

早期教育的真谛就是有规律、有目的地给孩子增加刺激和信息,促进脑细胞网络建设与发展。孩子大脑就像家里的电脑,电脑需要程序、软件和网络,那么孩子的大脑也需要"程序、软件和网络",实际上家长就是孩子脑细胞网络的设计者和缔造者,打造脑细胞网络的方法就是增加刺激和信息。也就是说,家长要为孩子营造一个良好的家庭抚育环境(包括一个安全可靠的,充满听觉、视觉、语言的丰富多彩的体验和经历)来促进大脑结构的发育。婴幼儿早期经历的事情越有意义,越富有连续性、趣味性和刺激性,婴幼儿的大脑也就塑造得越精妙,这将影响宝宝一生的学习能力及竞争能力。

五、什么是生长,什么是发育

生长和发育是儿童不同于成人的重要特点之一。生长是指儿童身体各器官、系统的长大增重,是量的变化,生长既看得见摸得着,又可用相应的测量值来表示其量的变化,比如身高可以用尺子量出来,体重可以用磅秤测出来;发育是指细胞、组织、器官的分化与功能成熟,是质的变化,发育不容易看出来,又不容易测量出来。

生长和发育两者紧密相关,生长是发育的物质基础,发育是器官的成熟之路。生长(数量)的变化,可在一定程度上反映身体器官的成熟(质量)状况。

六、孩子生长发育有何规律

孩子的生长速度和各器官发育顺序,都遵循着一定规律。新手爸妈遵循这些规律进行早期教育将事半功倍。

(1)生长发育是连续的、有阶段性的过程。生长发育在整个儿童时期不断进行,但各年龄阶段生长发育有一定的特点,不同年龄阶段生长速度不同。例如,体重和身长在生后第1年,尤其前3个月增加很快,第1年为生后的第一个生长高峰;第2年以后生长速度逐渐减慢,至青春期生长速度又加快,出现第二个生长高峰。

(2)各系统器官生长发育不平衡。人体各器官系统的发育顺序遵循一定规律。如神经系统发育较早,脑在生后2年发育较快;淋巴系统在儿童期迅速生长,于青春期前达高峰,以后逐渐下降;生殖系统发育较晚。其他系统如心、肝、肾、肌肉的发育基本与体格生长相平行。

(3)生长发育的个体差异。儿童生长发育虽按一定规律发展,但在一定范围内受遗传、环境的影响,存在着相当大的个体差异,每个人生长的"轨道"不会完全相同。因此,儿童的生长发育水平有一定的正常范围,所谓的正常值不是绝对的,评价时必须考虑个体的不同的影响因素,才能做出正确的判断。

(4)生长发育的一般规律。生长发育遵循由上到下、由近到远、由粗到细、由低级到高级、由简单到复杂的规律。如出生后发育的规律是:先抬头后抬胸,再会坐、立、行(从上到下);从臂到手,从腿到脚的活动(从近到远);从全掌抓握到手指拾取(从粗到细);先画直线后画圈、图形(从简单到复杂);先会看、听、感觉事物,认识事物,发展到有记忆、思维、分析、判断(从低级到高级)。

七、影响生长、发育、智力的因素是什么

1. 遗传因素

细胞染色体所载基因是决定遗传的物质基础。父母双方的遗传因素决定小儿生长发育的"轨道"或特征、潜力、趋向。种族、家族的遗传信息影响深远,如皮肤、头发的颜色、脸型特征、身材高矮、性成熟的迟早、对营养素的需要量、对传染病的易感性等。在异常情况下,严重影响生长的遗传代谢缺陷病、内分泌障碍、染色体畸形等,更与遗传直接有关,父母智商高,孩子智商也会高。

2. 环境因素

▲营养

儿童的生长发育,包括宫内胎儿生长发育,需充足的营养素供给。当营养素供给比例恰当,加之适宜的生活环境,可使生长潜力得到最好的发挥。宫内营养不良的胎儿不仅体格生长落后,严重时还影响脑的发育;生后营养不良,特别是第1~2年的严重营养不良,可影响体重、身高及智力的发育。在孩子脑发育阶段,要加强脑营养素摄入,满足神经细胞生长的需要。

▲疾病

疾病对生长发育的阻扰作用十分明显。急性感染常使体重减轻,长期慢性疾病则影响体重和身高的发育;内分泌疾病常引起骨骼生长和神经系统发育迟缓;先天性疾病,如先天性心脏病可造成生长迟缓。

▲母亲情况

胎儿在宫内的发育受孕母生活环境、营养、情绪、疾病等各种因素的影响。母亲妊娠早期的病毒性感染可导致胎儿先天畸形；妊娠期严重营养不良可引起流产、早产和胎儿体格生长以及脑的发育迟缓；妊娠早期受到某些药物、X线照射、环境中毒物和精神创伤的影响，均可影响胎儿的发育。

▲家庭和社会环境

家庭环境对儿童健康的重要作用易被家长忽视。良好的居住环境，如阳光充足、空气新鲜、水源清洁、无噪声、居住条件舒适，配合良好的生活习惯、科学护理、良好教养、体育锻炼及完善的医疗保健服务等都是促进儿童生长发育达到最佳状态的重要因素。近年来，社会环境对儿童健康的影响引起高度关注。在战火纷飞、社会动荡的年代，儿童健康状况急剧下降就是社会环境影响儿童健康的最好例证。

给孩子创造一个富有良性刺激和正信息的生活环境，有利于大脑潜能开发。试想一个婴儿出生后，如果将其与外界隔离，各脑细胞间的联络线路就无法发展，将来绝不会是一个高智商的人。

综上所述，遗传决定了生长发育的潜力，这种潜力从受精卵开始就受到环境因素的作用与调节，表现出个人的生长发育模式。因此，生长发育水平是遗传与环境共同作用的结果。智力与遗传、营养、环境因素有关，遗传因素是无法改变的，营养和环境因素通过努力是可以改变的。

八、什么是儿童发育的关键期

所谓关键期，是指婴幼儿某些能力发展最迅速的时期，又称"窗口期""敏感期""最佳年龄期"。名字不同，意思相近，也就是说在这个年龄阶段，针对某方面施以有效的教育，得到科学的开发，相应的能力将获得最佳的发展，会收到事半功倍的效果。

▲视觉发育关键期：0～1.5岁

新生儿已有视觉感应功能，瞳孔有对光反应，在安静清醒状态下可短暂注视物体,但只能看清 15～20 厘米内的物体。第 2 个月起可协调地注视物体,开始有头眼协调能力;3 个月出现追视;4 个月时喜看自己的手,头眼协调较好;6～7 个月时目光可随上下移动的物体垂直方向转动;8～9 个月时开始出现视深度感觉,能看到小物体;18 个月时已能区别各种形状。

▲听觉发育关键期:0～2 岁

因为宝宝出生时中耳鼓室无空气,所以刚出生时听力差;生后 3～7 日听觉已相当良好;3～4 个月时头可转向声源,听到悦耳声时会微笑;7～9 个月时能确定声源,区别语言的意义;13～16 个月时可寻找不同响度的声源,听懂自己的名字;4 岁时听觉发育已经完善。听感知发育和儿童的语言发育直接相关,听力障碍如果不能在语言发育的关键期内(6 个月内)或之前得到确诊和干预,则可因聋致哑。

▲味觉发育关键期:0～5 月

小儿一出生就有味觉;4～5 个月甚至对食物轻微的味道改变已很敏感,小儿满 6 个月应该添加辅食。

▲嗅觉发育关键期:0～8 月

出生时嗅觉中枢与神经末梢已发育成熟;3～4 个月时能区别愉快与不愉快的气味;7～8 个月开始对芳香气味有反应。

▲皮肤感觉发育关键期:0～1 岁

皮肤感觉包括触觉、痛觉、温度觉及深感觉等。触觉是引起某些反射的基础。新生儿眼、口周、手掌、足底等部位的触觉已很灵敏,而前臂、大腿、躯干的触觉则较迟钝。新生儿已有痛觉,但较迟钝;第 2 个月起才逐渐改善。出生时温度觉就很灵敏。

▲语言发育关键期:9 个月至 10 岁

语言的发育与大脑、咽喉部肌肉的正常发育及听觉的完善有关。要经过发音、理解和表达 3 个阶段。新生儿已会哭叫;3～4 个月咿呀发音;6 月龄时能听懂自己的名字;12 月龄时能说简单的单词,如"再见""没了";18 月龄时能用 15～20 个字,指认并说出家庭主要成员的称谓;24 月龄时能指出简单的人、物名和图片;3 岁时几乎能指认许多物品名,并说有 2～3 个字组成的短句;4 岁时能讲述简单的故事情节。

▲数学逻辑发育关键期:0～4岁

儿童在4岁前后会出现一个"数学敏感期"。他们会对数字概念如数、数字、数字特征、数量关系、数量运算、排列顺序等产生兴趣,对它们的种种变化有着强烈的求知欲,这标志着孩子的数学敏感期到来了。错过了数学敏感期,有的人一生都害怕数学,一提数学就头疼。心理学家发现一个孩子对数学是喜欢、厌恶还是恐惧,大多数是在幼儿阶段造成的。

▲音乐发育关键期:3～10岁

关于音乐敏感期,教育专家一般都同意3岁左右是个比较关键的起点。如果有意培养孩子的音乐能力,就要特别留心这个年龄段了。当然,敏感期始于3岁左右不等于在这之前不需要音乐,如果我们想培养孩子的音乐能力的话,音乐启蒙就要从"0"岁开始。

总之,0～3岁是孩子各种器官功能发育的关键期,爸爸妈妈一定要注意给孩子提供合理的营养膳食、丰富的环境刺激,并带领孩子做适量的运动,从而给孩子一个健康的身体、一个灵活的大脑,为孩子将来其他能力的发展奠定坚实的基础。

九、什么是八大智力

哈佛大学心理学教授霍华德·加德纳认为,每一个宝宝出生时都具有八种智力的潜能,将在以后的生长过程中呈现出来,只不过有些能力呈现得早,有些能力呈现得晚。家长和老师需细心观察孩子的表现,及早判断孩子哪方面能力更强,以便适当地给予培养,让宝宝潜在的能力充分发挥。

1. 语言智能

对语言敏感,有良好的理解和运用语言的能力,能有效运用口头语言或书写文字。语言智能型的宝宝很早就会讲话或模仿大人说话。家长对这类宝宝的期望值很高,但未必所有的功课都很好。

语言智能型的宝宝长大后适合做政治活动家、节目主持人、律师、演说家、编辑、作家、记者、教师等。

▲语言智能型宝宝的行为表现

★开口说话比较早,吐字清,发音准,对语言敏感,能表达更多的词句。

★爱说,愿意讲述自己看到的或感受到的事情,说得有条有理。

★喜欢词类游戏,如儿歌、诗歌、歇后语、双关语或绕口令。

★喜欢场景游戏,如玩过家家,并能将生活的场景和对话在游戏中再现。

★喜欢看书、听故事,容易记住故事内容,并且能够复述。

▲语言智能型宝宝的培养方法

★多对孩子说,每天固定的时间给孩子讲故事。

★多让孩子说,练习语言表达能力,如看图说话或看照片说事。多给宝宝说话的机会,尽量让宝宝把话说完整。

★和宝宝一起编故事、玩文字接龙的游戏。

2. 音乐智能

对旋律、节奏和音色有敏锐的感受能力。在宝宝与生俱来的天赋中,最早出现的莫过于音乐才能。

音乐智能型宝宝长大后适合做歌唱家、作曲家、指挥家、音乐评论家、乐器制作者、调琴师等。

▲音乐智能型宝宝的行为表现

★对音乐敏感,喜欢观看音乐类节目;喜欢听,听不同节奏和风格的音乐,能够感受到音乐的变化;喜欢唱,善于模仿听到的歌曲,并能有节奏地跟着旋律歌唱。对音乐有较强的互动性,如听到音乐会跟着音乐的节奏扭动身体等。音乐节奏感较好,能够准确地哼唱教过的歌曲和童谣。能够感受音乐带来的情绪变化,如宝宝大哭时听到音乐能安静下来等。

★对乐器敏感,喜欢各种不同的乐器并乐于探索它们的不同之处;喜欢敲打不同的物体,并聆听其发出的声音,并喜欢主动探索怎样发出不同的声音。

★能够感受自然界、社会环境中各种声音的不同,如风声、雨声、鸟鸣声、铃声、汽车喇叭声等。

▲音乐智能型宝宝的培养方法

★创造一个正能量音乐的环境,播放舒缓柔和的古典音乐,令宝宝聆听和分辨不同的乐曲片段、欣赏各种音乐作品;与宝宝一起玩有节奏的游戏;多带宝宝参加儿童音乐演奏会或现场音乐表演活动;即时和宝宝讨论他所听到的声音,并鼓励宝宝分辨不同的声音,刺激听觉的敏锐度。

★利用家中废旧物品自制打击乐器,与宝宝一起演奏并鼓励宝宝哼唱。

3. 逻辑数学智能

具有较强的推理能力以及认识图表和进行计数的能力,擅于分类、归纳、推理、计算。逻辑数学表现好,语言文学未必好。

逻辑数学智能型的宝宝长大后适合做科学家、会计师、统计学家、工程师、电脑软件研发人员等。

▲逻辑数学智能型宝宝的行为表现

★对数据感兴趣:能够利用物品或手指、玩具做简单的加减法,如一个扣子加上另一个扣子,是几个扣子?

★很容易发现问题和提问。发现问题,如帽子戴歪了、杯子没有盖等;提问,如苹果为什么酸?

★对物品形状感兴趣,能够分辨三角形、圆形、正方形及其他图形;爱玩积木、归类;能比较物体的多少、性质,并乐于分辨和分类。

★做游戏喜欢扮演科学家或者医生。

▲逻辑数学智能型宝宝的培养方法

★经常带宝宝购物,查查买了几种东西,算算花了多少钱。

★做游戏,常和宝宝玩一些分类、配对游戏,或是和数量有关的游戏;常和宝宝玩棋类游戏;常和宝宝玩需要思考的策略游戏、益智游戏。

★让宝宝用数学的、逻辑的方式去观察生活,发现事物如何互相作用。与宝宝一起关注事物之间的变化,并能够探索、讨论,发现规律;练习宝宝的因果关系和推理能力,常常和宝宝讨论"因为……所以……";鼓励宝宝多问"为什么"。

4. 肢体运动智能

有良好的精细运动和平衡能力,善于运用整个身体来表达想法和感觉,以及运用手灵巧地创作或操作物体的能力。这类人很难长时间坐着不动,喜欢动手建造东西,喜欢户外活动。他们手巧,协调性、平衡性强,敏捷,弹性好,速度快。与人谈话时常用手势或其他身体语言。他们学习时是通过身体感觉来思考的。

肢体运动智能型的宝宝长大后适合做运动员、演员、舞蹈家、外科医生、宝石加工师、机械师等。

▲肢体运动智能型宝宝的行为表现

★动作发育早于同龄宝宝,如翻、坐、爬、站、走、蹦、跳。

★手巧,能够学会用剪刀、系纽扣、绑鞋带等精细动作。

★对于动作特别感兴趣,肢体动作敏捷灵活,喜欢模仿他人动作,学习起来比同龄伙伴快速;比同龄宝宝容易学会接球、抛球、跳绳、骑自行车等大肌肉运动;喜欢舞蹈、体操等身体协调的活动;非常享受肢体运动带来的快乐和满足感。

★喜欢运动,如跑步、跳马等体力消耗大的游戏。

▲肢体运动智能型宝宝的培养方法

★养成喜欢运动的好习惯,经常带宝宝到户外活动。

★不要过度保护宝宝,过于小心不让宝宝跑、跳或爬高,反而剥夺了宝宝练习动作的机会。在安全的活动场所中,应该多鼓励宝宝去尝试不同的运动。

★不要替宝宝代劳太多,日常生活中鼓励宝宝生活自理,让他们自己动手做,甚至可以鼓励他们帮忙做家务。

★有机会让宝宝触摸不同材质的东西,像海边的沙子、花园里的泥土等,增加宝宝的触觉刺激。即便洗澡时,也可以常换些不同的用具,如海绵、刷子等,同样可增加宝宝触觉的灵敏度。

★与宝宝一起玩橡皮泥或是动手制作小手工艺品。

5. 视觉空间智能

具有敏锐的视觉空间,可以精确地理解周围的世界,并且把感觉到的东西如实地表现出来、传递出去。这项智能包括对色彩、线条、形状、空间及它们之间关系的敏感性,能在脑子里立体化呈现出来。

视觉智能型宝宝长大后适合做室内设计师、建筑师、摄影师、画家、艺术家、发明家、向导、飞行员等。

▲视觉空间智能型宝宝的行为表现

★偏爱色彩,喜欢各种色彩搭配,喜欢玩配色的游戏;喜欢画画,想象力丰富,总有与同伴不同的想法。

★喜欢玩拼图、折纸、走迷宫、找不同等益智游戏;喜欢空间构建的游戏,如积木、黏土、橡皮泥等;有诸多栩栩如生的想象。

★容易记路,善于辨别方位。对于去过的地方能够很快找出标示,会按自己的方式记住某处。

▲视觉空间智能型宝宝的培养方法

★培养色彩的敏感度。经常和宝宝一起看图、看画展、参观美术馆;带宝宝到户外活动,游山玩水,接触大自然。

★与宝宝一起玩搭积木、拼图、走迷宫、拼七巧板之类的游戏。

★在日常生活中,用"前、后、左、右、上、下"等空间方位用语,代替"这边""那边"等含糊不清的用语。借助地标、地物来认路,例如从家里到学校要在第二个红绿灯右转。教宝宝看简单的地图或辨别有些商家在名片或宣传单上印的位置图。

6. 自然观察智能

善于观察自然界中的各种事物,对自然现象有特别的兴趣和爱好,具有对事物进行辨别和分类的能力。这项智能使宝宝有着强烈的好奇心和求知欲。有着敏锐的观察能力,能了解各种事物的细微差别。自然观察智能型的宝宝应用分类的能力强,会主动探索自然,具有对自然进行辨认和分类的能力。具有对生物或大自然的友善性。

自然观察智能型宝宝长大后适合做天文学家、生物学家、地质学家、考古学家、环境设计师等。

▲自然观察智能型宝宝的行为表现

★对自然界的动物、植物、地理、地貌、矿物、建筑物感兴趣,对动物园、植物园、水族馆有强烈兴趣。喜欢观察自然界中植物和动物的生长、变化。非常有爱心,乐于照顾、喂养小动物;喜欢收集大自然中的石头、昆虫、贝壳等。

★能够感受春、夏、秋、冬季节变化。喜欢大自然,对于自然常识和自然类电视节目有浓厚的兴趣。喜欢爬山、郊游等野外活动,享受大自然的乐趣。

▲自然观察智能型宝宝的培养方法

★带宝宝多参加户外活动,看看花草树木,与宝宝一起种植花草,并观察其生长过程;看看猪、马、牛、羊、猫、狗、鸟、兔,与宝宝一起饲养小动物,并学习照顾小动物;看看山川海河,与宝宝一起收集石头、树叶、贝壳、羽毛之类的物品,同时仔细观察、比较其中的不同。

★给宝宝观看与自然有关的影碟或是探索自然生态的纪录短片,让宝宝的好奇心变成学习的动力。

7. 人际交往智能

人际交往智能型的宝宝能理解他人,善于和别人合作,能够辨别不同的人际关系,善于察觉他人的情绪、情感,体会他人的感觉、感受,对脸部表情、声音和动作具有敏感性。能辨别不同人际关系的暗示做出适当反应。

人际交往智能型的宝宝长大后适合做政治家、外交家、领导者、心理咨询师、公关人员、推销人员等。

▲人际交往智能型宝宝的行为表现

★善交往。很容易与别人亲近,见人爱笑,有沟通的意识;善解人意,能够较好地与家人沟通,主动参与家务劳动。喜欢参加集体活动,不怕生人,乐于认识新朋友。

★会交往。具有同情心,小朋友哭的时候,会送纸巾给他擦眼泪。当和同伴有冲突时,有能力去解决问题。能够敏锐地感受到他人的情绪,知道家长或伙伴不高兴的原因,主动调整自己的行为,避免不必要的冲突。

★爱当主角。和同伴玩游戏时,会不由自主地扮演领导者的角色,能够充分表达自己的想法和意愿。

▲人际交往智能型宝宝的培养方法

★多带宝宝参加集体活动或邀请其他小朋友一起玩。与宝宝分享遇到的有趣的事情或是不悦的事情。引导宝宝说出自己的心情与感受,学会表达。

★培养宝宝的同情心。想象当别人遇到各种情形时,会有什么样的感受,加深理解别人的需要、情感和渴望。

★多看人际互动为主要内容的故事书、动画片,多和宝宝讨论其中人物的做法、想法与结果。

8. 内省智能

内省智能主要是指认识到自己的能力,有自知之明,正确把握自己的长处和短处,把握自己的情绪、意向、动机、欲望,对自己的生活有规划,有好的自律、自知和自尊能力,能够从各种回馈渠道中了解自己的优劣,善于吸收他人的长处,同时爱独处,以深入自我的方式来思考,喜欢独立工作,有自我选择的空间,能很好地控制自身的情绪。

内省智能型的宝宝长大后适合做自主创业者、政治家、哲学家、心理学家、教师等。

▲内省智能型宝宝的行为表现

★有主见。有自己的理想,如我喜欢兵器,所以将来要成为解放军;有自己的喜好,对于喜欢的物品会特别关注;独立意识强,对于家长给予的不同建议会拒绝;有自己的见解,经常会向父母提出自己的想法,能用清楚、完整的话告诉父母自己的想法和情绪。尽量不做家长不喜欢的事情。

★喜欢独立。能够独自玩耍,并有安全感,不需要父母的时刻陪伴。喜欢独自思考,或沉浸在自己喜欢的活动中。

★自控力强。如得不到最喜欢的玩具,会克制自己。

★会思考。听某个故事以后,常常对照自己,并有深入的思考,所以故事情节对其影响较大。

▲内省智能型宝宝的培养方法

★经常和宝宝讨论他喜欢什么、能干什么事,增加宝宝对自己的了解;更多地鼓励他,使其信心满满。

★遇事多听宝宝的想法,让他学会思考事情的原委,学会分辨是非。

★养成良好的生活习惯,从自立、自强开始,建立良好的道德观。

每个孩子在这八种智能表现上,会有很大的差异,每个宝宝的智能都有其独特的表现方式和特点。每个宝宝都需要这八种智能,大多数孩子都能充分发挥。父母首先应该了解自己宝宝的最优智能,并培养宝宝区别于他人的智能和兴趣。其次在尊重宝宝的前提下,因势利导,充分发挥宝宝的内在潜能,帮助宝宝实现富有个性特色的自我发展。

十、什么是智力、智商、发育商和智力测验

智力是以抽象思维为核心的综合的认识能力。有人把智力看作是人的各种基本能力的综合,包括观察力、注意力、记忆力、想象力和思维力等,智力测验是通过测验(量表)的方式来衡量人智力水平高低的一种科学方法。

智商是智力水平的数值,即智力测验的结果。智商是智力测验时达到的智力水平的年龄和他的实际年龄之比,再乘以100得出的。这里的智力年龄是指一定年龄应当达到的智力水平。一般来说,大多数的正常人智商在80~120,如果超过120是比较聪明或是超常的,70~80为智力发育的边缘状态;低于70的为智力发育落后。

发育商是用来衡量婴幼儿心智发展水平的核心指标之一,是在大运动、精细动作、认知、情绪和社会性发展等方面对婴幼儿发育情况进行衡量。

智商和发育商都是用来衡量个体心智发展水平的标准,只不过二者是不同的概念。年龄不同,需要使用不同的评价标尺。6岁以前的孩子,对其进行智商测试是不现实的,所以要用发育商来评价其心智发育;6岁以后的孩子,智力所包含的各种维度基本已经具备,所以用智商来评定其心智发育是比较理想的。

智力应该是相对稳定的,不管用哪种测量表,测出的结果应当是同样的。但智力测验有时会受一些其他因素的影响,如宝宝的健康状况、情绪状态、测验环境等。所以对智力测验分数要从整体水平来看,相差1分、2分本身并没有多大意义。

智力测验相对是稳定的,但也不是一成不变的,由于后天环境教育的影响,智力在一定程度上有所变化。特别是宝宝正在发育阶段,

智力暂时落后可以通过早期教育促进其发展,并有可能赶上正常水平。家长对智力测验的结果要有正确的态度。要听从有经验的医师和心理学家的分析,有针对性地进行教育,切不可因一次的分数低就放弃对宝宝的教育或因分数高而放松对宝宝的教育。

父母切忌过度依赖智力测试。智力测验只能了解到宝宝某些方面的能力,如果根据这个分数而给宝宝贴上"笨宝宝"的标签,那就会忽略宝宝在其他方面的能力,对宝宝的成长发展造成伤害。对于智力测验分数偏低的孩子,更应该加强训练,迎头赶上。

家 教 篇

一、为什么说新手爸妈需要"育儿执照"

宝宝诞生的同时,新手爸妈也诞生了。虽然不少家长都知道0~3岁早期教育的重要性,却不明白需要接受教育的对象不仅是宝宝,还有这些新手爸妈。

生孩子,把孩子养育成人,是一件喜事、快乐的事。然而,教育孩子又是一件苦恼的事。许多做父母的费尽了心血,孩子却总不能如自己所愿。马克思说:"只有对法律精通才能成为法官,只有对教义透彻理解才能成为传教士,同样只有深刻把握教育规律才能成为父母。"开车需要"驾驶证",当医生、护士、教师、律师都需要"执业证",既然父母是太阳底下最伟大的职业,是人世间第一艰难而复杂的"职业",怎能不需要"执照"?怎样抚养孩子、怎样教育孩子他们懂吗?所以说新手爸妈需要学习,需要获得"执照"。

二、父母是孩子的榜样,你真懂吗

托尔斯泰有句名言:"全部教育,或者说千分之九百九十九的教育都归结到榜样上,归结到父母自己生活的端正和完善上。"实际上就是咱们中国老百姓那句话:"父母是孩子的样子,孩子是父母的镜子。"哪个家长不知道这个理儿?知道了为什么做不好呢?这就是"知而不识"的问题。大家都知道榜样的力量是无穷的,是"知"的问题。但是榜样的力量为什么是无穷的呢?大家答不上来,这是"不识"的问题。归根到底是"意识和潜意识"的问题。意识就是知道的、感觉的东西在大脑中的反映。而潜意识是不知道的、没有感觉到的东西在大脑中的记忆。一个是反映,一过性的,来得快去得更快;而另一个是记忆,不知不觉地来到,潜移默化地留下。

怎样才能做到且知且识呢？比如一件事,家长直接吩咐他去做,这种家长"吩咐"是"意识"层面的东西;家长不吩咐,他自觉自愿地做了,这种家长"身教"是"潜意识"层面的东西。潜意识一旦形成是挥之不去的,到那时家长就不用吩咐,不用唠叨,孩子会自觉自愿地努力奋斗。家长具体怎么做呢？要知道无声(身教)胜有声(言教)。家长知道怎么做榜样了吗？就是先做好自己,给孩子起示范作用,用身教去影响孩子,形成潜意识的向上的正能量。看到父母努力向上,孩子也"不用扬鞭自奋蹄"。所以我们教育孩子不能停留在"意识"层面,而是追求"潜意识"高度。

三、为什么爸爸妈妈的承诺要兑现

说到诚实守信,先请爸爸妈妈回忆一下,自己有没有对宝宝许下了诺言却还没兑现,如果有的话,就要尽快去兑现自己的承诺。因为有时候爸爸妈妈不经意间的失信行为可能会让宝宝有受骗的感觉,在无形中会对宝宝造成不好的影响。

爸爸妈妈要求宝宝不要做某些事情时,常会以其他条件做交换。例如,要求宝宝不要在晚饭前吃糖,因为这样可能会吃不下饭,但是答应宝宝晚饭后让他吃糖。你一旦做了这样的承诺,就一定要遵守,无论诺言是大是小,否则宝宝会失去对大人的信任,日后就很难以同样的方式要求他的行为。

由于某些原因,妈妈忘记给宝宝的承诺,但后来又记起来的话,应该跟宝宝道歉,并兑现承诺,不要以为过去了,宝宝或许忘记了,就当没发生过。兑现对宝宝的承诺是赢得宝宝信任的最重要的法宝。

其实很多家长都会努力遵守自己的承诺,答应宝宝的事总是尽力做到,只是偶尔会忘记,毕竟当时可能只是一种缓和措施,根本没有特意去记住。那么,为了避免出现忘记承诺而没有遵守的情况,爸爸妈妈最好准备一个备忘录,当对宝宝承诺了某件事时,将那件事记录在自己的日记本上,每天一打开就能看见,这样就不会忘了。或许宝宝还能无意识中感觉到爸爸妈妈的用心,而变得越来越能理解大人,亲子关系也会越来越和谐。

四、怎样对待孩子的无理要求

▲转移注意力

对待宝宝不合理的要求或有危险的活动,可以采取转移注意力的办法进行软处理。如宝宝已经吃了很多冷饮,还想再吃,爸爸妈妈先不要正面回答他,可以让宝宝打开电视机看一些有趣的节目,也可以给一件宝宝最喜欢的玩具,或者干脆带宝宝到外面去玩,等等。当然,对于一些无关紧要的小事,可以故意让宝宝赢上一两个回合,也可以满足宝宝"当家做主"的愿望。

▲适量地说"不"

除了委婉地给宝宝吃"闭门羹"之外,爸爸妈妈也应当向宝宝提供学习服从的机会,即坚定地对宝宝说"不",这是所谓的"最佳挫折训练"。当然,在此之前,爸爸妈妈要充分衡量宝宝的承受能力,切忌对宝宝的心灵造成伤害。必要时对宝宝说"不",对宝宝的心理健康是非常有益的。

▲巧用"冷处理"

2岁左右的宝宝会故意做一些恶作剧,以观察爸爸妈妈的"紧张"反应。例如爸爸妈妈说:"别打开电视机,我们干点别的事。"话音未落,宝宝会故意跑过去把电视机打开,然后在一旁幸灾乐祸地等着爸爸妈妈发作,好看"热闹"。这时,应当故意装作看不见,自己去干别的事。当宝宝故意的逆反行为讨了个没趣后,就会渐渐停止这种恶作剧。

五、孩子很黏人怎么办

有一些家庭把宝宝黏人视为缺点。专家为此特别指出,低幼龄儿童的黏人现象不仅不是坏习惯,适当黏人还有利于宝宝将来的沟通和交流。

6个月至1岁半的宝宝多数会对爸爸妈妈产生依恋感。如果到了这个年龄的宝宝还没有对家人产生依恋感的话,就会给宝宝未来的生活造成阴影。

有些爸爸妈妈还引以为荣,认为自己生了个不会黏人、省心的好宝宝。殊不知,家庭才是最能够给每个宝宝温暖和自信心的地方,而提供这些力量的就是宝宝和爸爸妈妈之间温暖、密切、持续不断的亲情。适度的依恋,也就是黏人现象,不仅可以促使宝宝得到情感满足,还可让宝宝享受愉悦。适度的依恋,有助于宝宝建立个人的信赖度和自我信任感,成年后能够成功地与伴侣、后代和睦相处。但是,如果孩子太黏人,就不正常了,可试着采取如下办法解决:

(1)建立自己坚定应对的心态。当你与宝宝分离时,要清楚地让宝宝知道你并不是不爱他,而是现在不能和他玩,或有充分理由必须离开。不要因为宝宝哭闹就心疼放弃。

(2)试着向宝宝诉说自己正要去忙的事,虽然只是1岁大的宝宝,但如果常和他说话,他就会明白你的意思。

(3)以游戏的方式进行渐进式的分离。

(4)不要因宝宝黏你而训斥他。

(5)不要吓唬宝宝,说外面的人都是可怕的坏人、魔鬼或大灰狼。

六、孩子喜欢"独占"怎么办

▲淡化并消除宝宝"独占"心理

现在许多家长把自己的宝宝看作"掌上明珠",对宝宝是有求必应、百依百顺,特别是爷爷奶奶等长辈更是对宝宝疼爱有加。这样做容易使宝宝潜意识中慢慢形成一种"众人为我"的心理优势,往往只注重自己的需要而很少主动满足他人的需要,因此大都不喜欢谦让。看电视时,宝宝往往独占电视,家长可和宝宝轮流看自己想看的节目,不要一味地迁就宝宝。在宝宝满足自己需要的同时,意识到其他人的存在,是培养宝宝谦让品质的关键环节。

▲鼓励宝宝学会谦让

培养宝宝的谦让行为,应时刻贯穿于日常生活中。如:让宝宝把蛋糕先送给爷爷奶奶吃;家里有小朋友来玩时,提醒宝宝把自己的玩具分给小朋友玩;公交车上别人给宝宝让座时,让宝宝观察一下,周围还有没有比他更需要坐的人……晚上睡觉讲故事时,可以给宝宝讲"孔融让梨"的故事,告诉宝宝:"孔融把大的那个梨给自己的弟弟,所以大家喜欢孔融,宝宝也要像孔融一样哦!"当宝宝有谦让行为时,家长应及时给予鼓励:"宝宝真懂事,学会照顾别人了!""做得真棒,真是我们的好孩子!"通过家长的言语强化,宝宝会逐渐懂得怎样做是对的,怎样做是不受欢迎的。

七、孩子拿了别人的东西怎么办

爸爸妈妈一旦发现孩子拿了别人的东西,就要引起重视,不能认为宝宝还小,什么也不懂,等长大了自然就明白,也不能什么也不问就又打又骂。那么,作为爸爸妈妈,如何让宝宝知道不能拿别人的东西呢?

首先要明确一点,对于小孩子的偷拿行为,不管是老师还是爸爸妈妈都不能不分青红皂白就给宝宝扣上一顶"小偷"的帽子,这样做所带来的伤害比宝宝本身拿玩具回家要严重得多。这种践踏人格的指责,可能会影响宝宝一生,对他今后性格的发展产生极坏的影响。当然,也不能置之不理,作为爸爸妈妈,在弄清楚宝宝偷拿别人东西的原因后,首先要告诉宝宝,这种行为是不好的,是不让人喜欢的,让宝宝明白他拿的东西不是自己的而是别人的。然后告诉他不是自己的东西不能要,应向别人道歉,还给别人。

▲培养宝宝的物权观念,让孩子明白"偷"与"借"的区别

爸爸妈妈必须让宝宝明了"借"与"偷"之间的差异,以及不同的后果。当你对宝宝说"不可以偷拿别人的东西"时,让他了解"偷"是不对的行为,是不被允许的。

▲培养孩子"轮流""借用"的观念

通常宝宝抢夺或撕毁别人的东西,有可能是因为好奇,这个时

候,爸爸妈妈应趁机灌输宝宝"轮流""借用"的观念。告诉他:"长针走到5的时候,你才可以玩那些拼图,现在让弟弟先玩。""那是姐姐的彩色笔,你要先问姐姐愿不愿意借给你。"

▲让宝宝知道凡事要商量

宝宝还小,也许不了解为什么看到喜欢的东西不能拿走,这时爸爸妈妈可以这样回应他们:"如果你想要这个东西,可以告诉妈妈,我看看可不可以。"让亲子之间,可以有"谈"和"商量"的余地。鼓励宝宝想要什么要跟大人讲,规定在公共场所或别人家里,什么东西是可以拿的,什么是不可以拿的。最基本的规矩是:"想要什么,在拿起来之前,先问问大人可不可以。"

▲为拿(偷)东西付出代价

为了帮助宝宝了解随意拿人家东西是不对的行为,是需付出代价的,当宝宝有不当行为时,爸爸妈妈可以罚他做一些额外的工作,或是要他放弃一样他很珍爱的物品,让他同样感到失去喜爱东西的痛苦。

▲将拿(偷)的东西归还

宝宝拿(偷)了别人的东西,爸爸妈妈要他自己去归还。必要的情况下,爸爸妈妈可以陪同宝宝一起去。

▲和孩子多沟通,有诺必践

良好的亲子对话是很重要的,借着沟通可以了解孩子内心的想法,并鼓励他说出生活中所发生的大小事,便可提早防范许多观念上的偏差或不良的行为。处理宝宝抢夺别人东西时,爸爸妈妈千万不要使用哄骗的方式。如随口承诺"你先把东西还给别人,以后妈妈再买给你",说完也就忘了,宝宝一旦有受骗的感觉,下次就很难再相信爸爸妈妈的话了。

八、教孩子学会与别人分享

▲好品质造就优秀宝宝

美国一些儿童教育专家做过一个实验:送苹果给幼儿园的小朋友吃,大部分宝宝都是拣大苹果、好苹果吃。一部分宝宝等人家拿了以后再去拿,只能吃小苹果。还有几个宝宝吃不到苹果(因苹果不够每人一个),他们不吵不闹,并不在意没有吃到苹果。作为幼儿园的小宝宝,具有这种谦让品质已经是很了不起的了,这是爸爸妈妈教育得好。等这批小宝宝长大后,教育家跟踪研究,他们惊奇地发现:没有吃到苹果的宝宝都成了政府官员;吃小苹果的宝宝基本上都是厂长、经理;抢苹果吃的宝宝一般都是平平淡淡,无所作为。

由此可见,从小培养宝宝的谦让精神多么重要!培养宝宝与别人分享好东西的品质,对宝宝日后的成长有着重要的意义。即使是宝宝非常喜欢的东西或者食物,也要让宝宝学会与别人分享。要让宝宝一点一点地明白什么行为是好的,什么是不好的,从宝宝懂事时就开始教他,以后长大就养成了优良品质。

▲培养宝宝慷慨待人的品格

在日常生活中,爸爸妈妈应首先做到慷慨待人。如肯把东西借给邻居使用,能主动把好吃的食品拿出来让别人吃,乐意把自己心爱的物品转让给别人等。利用电影、电视、童话、故事等文学作品中的慷慨形象教育宝宝、熏陶宝宝。在日常生活中,为宝宝提供慷慨机会,如买回的糖果不要全部留给宝宝吃,要让宝宝亲自把糖果分给家庭成员;玩耍时,引导宝宝把心爱的积木、玩具等分一些给小朋友玩。在宝宝与小伙伴的交往过程中,家长还可以指导宝宝相互交换玩具进行玩耍,在反复交换玩具的过程中,宝宝就会逐渐明白礼尚往来的必要性与相互帮助的重要性。鼓励宝宝帮助困难者,并不忘及时表扬宝宝。

▲培养宝宝的爱心,让宝宝学会爱他人

可以说现在的家长给予宝宝的爱太多太多,千般呵护、万般疼爱。如果爸爸妈妈只是机械地单向地去爱宝宝,而从不教宝宝如何爱他人,会让宝宝以为爱只是索取,不利于宝宝以后的人际交往和人格健全。爸爸妈妈应该给宝宝更多的爱、更多的关注、更大的发展空间,让他们充分发挥自己的个性。在提倡这些的同时,更应注意在生活的一点一滴中培养宝宝去爱他周围的人。交往是双方的、相互的,培养宝宝对别人的爱心,也是发展其良好内心智能的重要方面。

从爸爸妈妈和周围的亲人开始,比如平常可以让宝宝用小嘴亲亲爸爸妈妈或爷爷奶奶及其他人的脸,用小手摸摸家人的脸,搂搂家人的脖子等。培养宝宝学会分辨别人的情绪,学会安慰别人。当宝宝再大点儿时,一定要鼓励他把好吃的、好喝的留给别人一些,尤其是可以引导宝宝在他吃东西时,把东西拿给别人一点儿。宝宝小的时候妈妈可以帮助他养一些小动物,平时鼓励宝宝给动物喂食。在宝宝给小动物喂食的过程中,会有一种被接受、被陪伴的感觉,这样就会使宝宝获得心灵慰藉,培养他的爱心。

九、孩子叛逆、不听话怎么办

▲"叛逆"是一种本能

事实上,每个人都要经历叛逆,它指向于对爸爸妈妈教育的评价与审判,从而形成肯定或否定的答案,进而决定随后会采取的行动。虽然宝宝最后采取的行动方式千差万别,有对有错,可是这种评价和审判却是一个人走向成熟的标志。对于宝宝的叛逆行为,你不要不分青红皂白统统"一棍子打死",而是要找出叛逆的原因,对症下药,甚至有时候,还要鼓励宝宝叛逆。

▲面对"叛逆"的宝宝,不宜"压服"

宝宝"叛逆"的时候,你往往觉得自己的权威受到了挑战,因此实施高压政策,让他屈服。结果很有可能以宝宝的委屈哭闹和你的难受收场。所以,爸爸妈妈应该注重心灵沟通,从理性的角度出发,与宝宝交谈,了解宝宝的叛逆心理与缘由,以找到恰当的处理方法。

▲端正自己的态度,避免溺爱顺从宝宝

当宝宝出现一些问题时,以往我们总是要问上一句:"这孩子是怎么了?"习惯从孩子身上找原因。其实,有许多问题的产生根源是爸爸妈妈。孩子的某些叛逆心理和行为,可能恰恰是家庭教育弊端所致。而最本质的原因就是,家长的支配欲望太强了,太过溺爱顺从宝宝了,让宝宝的"叛逆"行为升级了。如果任其发展,可能导致不良后果。

▲给宝宝更多空间,更多选择

在遇到一些问题的时候可以先征求宝宝的意见,也要经常和宝宝沟通,让宝宝及时表达自己的意愿和心里的想法,给宝宝一定的空间,这样可以让孩子成长得更好。亲子间发生冲突时,你不必急于将自己的意见坚决执行。我们可以试试这样的方式:"宝宝,必须睡觉了,因为明天我们还要做很多事情。如果你现在还不想睡觉,可以选择再听一个故事或者玩10分钟,你选择哪一个?"这种选择法在与宝宝打交道的过程中十分有效,即使两个方案都不是宝宝原来想要的,但是他喜欢自己拿主意、做决定的感觉,所以能接受,并且因为方案是自己选择的,所以执行起来十分利落。

十、孩子耍小脾气怎么办

当宝宝的需求没有得到满足时,常常会发怒,会耍小脾气,但持续时间并不长。爸爸妈妈以正确的态度来对待宝宝的怒气是很重要的。宝宝发怒时,爸爸妈妈应始终保持客观、冷静的态度,绝不要跟着宝宝一起发怒,也不要故意逗宝宝发火。在宝宝发脾气时,妈妈既不要惩罚,也不要溺爱宝宝。可以和宝宝做游戏吸引宝宝的注意力,宝宝就会很容易平静下来。如果宝宝不能平静下来,妈妈不妨到隔壁房间忙点别的事。总之,对发怒的注意越少,宝宝也就越少发怒。由于宝宝正处于个性形成时期,这些最初的行为的影响将是非常深远的。

▲宝宝为什么会有坏情绪

每个人都有情绪,宝宝会生气也是理所当然的。对宝宝来说,情绪、语言、生理需求都在发展中,三者交错影响宝宝个人的反应和表现。3个月大时,宝宝就开始有情绪,其中以开心和愤怒最常见,而且随着月龄的增长,频率和持续度日益增加。6个月以后的宝宝,支配自我行动的需求也开始不断增加,当得不到想要的东西时会感到失落和愤怒。刚开始,因为能力上的限制,负面情绪会随注意力的转移而很快消失。到宝宝9个月大的时候,情况就会有些改变。这时,宝宝会因不顺意而发脾气,并会对着大人用敲东西甚至打人的方式表达愤怒。

▲教宝宝控制自己的行为

9～10个月的宝宝已经知道控制自己的行为。这时，凡是他的合理要求，家长应该满足他；而对于他的不合理要求，不论他如何哭闹，也不能答应他。比如，宝宝要扭动电视机的按钮、玩电灯的开关等，家长就需要板起面孔，向他摆手，严肃地告诉他不行，要让宝宝节制自己的行为，知道有些事可以去做，而另一些事不可以做。

十一、孩子爱打人、咬人怎么办

宝宝喜欢打人是常见事，因为在这个阶段，他的语言能力还没有跟上行为能力的发展，对于情绪，他只能用最直接的行动来表达。然而，有的宝宝却明显地偏爱这种"暴力"行为，有的宝宝认为"打人、咬人"很好玩。对于这种情况，妈妈应该怎么做呢？

▲立即制止打人、咬人行为

很多宝宝一而再，再而三地打人、咬人，以致发展到屡禁不止，往往是因为刚开始的几次尝试没有得到立即有效的制止造成的。所以，当宝宝第一次打人行为发生时，家长要立即义正词严地给予制止，让宝宝知道这种行为是家长不允许的。

▲进行"冷处理"

我们当然不会选择以暴制暴的下策，那样只会树立一个坏榜样。有时，没有行动也是一种行动，"冷处理"的效果比简单的呵斥、打骂好。所谓"冷处理"，就是作为惩罚，在一段时间内全家人都不跟他说话，用肢体语言告诉他，刚才的表现让他不受大家欢迎了。当然，宝宝也会安慰妈妈。当宝宝"狠心"地打了你一下，你故意做出一副很委屈的样子在假装哭泣时，宝宝看见了，会略想一会儿，然后很快地向你身边靠近，并亲昵地挨着你的脸，左脸挨挨，右脸挨挨，让人很是感动。小家伙居然会安慰人了！亲情之爱，本是自然天成，子女对爸爸妈妈的爱更是与生俱来的。

十二、孩子说谎怎么办

凡是人,都说过谎,只不过有"好谎"(善意的谎言)和"坏谎"。所以对于2～3岁的宝宝,说谎并非完全是品德问题。但是,如果爸爸妈妈不加注意,不分析教育,宝宝的说谎行为便会得到强化,养成爱说谎的坏习惯。所以,爸爸妈妈从宝宝第一次说谎起就要采取相应的措施。

▲不要一味打击

当发现孩子说谎后,家长要保持冷静的头脑。一味地打骂、训斥等简单的教育方法,只能将孩子推向愿望的反面。对孩子的话不能偏听偏信,必要时应做一番调查、核实。有不少孩子是发现自己做了错事,又怕被爸爸妈妈责骂才说谎,如果家长再一味打骂,反而事与愿违。爸爸妈妈要分析前因后果,及时发现,及时纠正,才不至于孩子把谎越说越大;应循循善诱,向孩子指出说谎的危害性,让孩子在内疚中知错,在鼓励中改错。此外,家长还应该掌握一些儿童心理学,分清孩子的话究竟是幼稚的想象,还是故意说谎,两者之间有质的区别,对待也要加以区别。

▲丰富孩子的知识面

儿童知识面窄,爱幻想,常将幻想中的事同现实中的事混淆,分不清事情的真假,其实这只是一种想象,是说谎的假象。对待这种"吹牛",家长应该善于利用,首先鼓励、表扬他们创新的想象力,抓住机会,通过些小故事、身边的客观事物,或通过书本、电视等一些直观手段,让宝宝取得正确的知识,让他从小就比较正确、公正、客观地看待事物,不能一切想当然。

▲教孩子明辨是非的能力

孩子年龄虽小,但也有虚荣心和好胜心,他们由于不具备道德评价能力和应有的社会价值感,免不了使好胜心转变为虚荣心,从而导致说谎。因此,从小要培养孩子正确健康的竞争观念。通过平时的言传身教,讲故事,分析身边的小事,说明一些做人的道理。还要从平时的一些小事严格要求,让孩子了解什么是对的,什么是错的;什么是应该做的,什么是不能做的;做了错事会对自己对别人产生怎样的不良影响、不良后果。让孩子明辨是非,不应该做的事不做,不诚实的话不说,当无意中做了错事,懂得诚实是一种美德,知错就改还是好孩子。

▲创造良好的环境

"近朱者赤,近墨者黑。"常与说谎的孩子为伍会染上说谎的劣习,所以要教会孩子选择"益友"。在孩子的眼中,家长是他们崇高的偶像,家长的一切言论、行动无不对孩子起着潜移默化的重要影响。所以,家长要以身作则,要用美好的语言行动为孩子树立诚实的榜样。只有家长心灵美,才有可能培养一个心灵美的孩子。

十三、孩子胆小怎么办

▲宝宝胆小的原因

有些宝宝生活范围很小,平常只生活在自己的小家庭里,从小由爷爷奶奶照看,很少出去玩,接触外人也少,依赖性较强,不能独立地适应环境。这样的宝宝一见生人就躲藏,生人一抱就哭闹。有些宝宝在家里不听家长的话,如哭闹或不好好吃饭时,家长就用宝宝害怕的语言来吓唬他说:"你再哭我把你扔在外面让老虎吃了你!"还有的宝宝不睡觉,大人藏在门后学老猫叫。用这些恐吓宝宝,从而使宝宝失去了安全感,形成胆小怯懦的性格。

▲如何让宝宝胆大勇敢

创造一个温馨祥和的家庭气氛,让宝宝自由自在地生活,并让宝宝有充分发挥的余地。平时,处处注意培养宝宝的独立性、坚强的毅力、良好的生活习惯,鼓励宝宝做力所能及的事情。当宝宝遇到困难时,不要一味包办,要让他自己想办法解决。鼓励宝宝多与人接触交往。要让宝宝和同龄伙伴多接触,有意识地邀请一些小朋友到家中来,让他做小主人。平时注意帮助宝宝结交新朋友。

十四、孩子受到欺负怎么办

爸爸妈妈最难过的事情之一,就是发现自己的孩子受到了其他人的欺负。心疼而又恼火的同时,我们该怎么做?对孩子怎么说?以下是爸爸妈妈们有代表性的几种看法,大家可以参考一下,并做出理智的判断。

▲教孩子正当防卫

在竞争社会,教孩子正当防卫,有必要的情况下学会反击是非常必要的。当然,我们不能教孩子去欺负别人,但若别人欺负到自己头上来了,就应该反击。当然,爸爸妈妈要教会宝宝正确的反击方法,而不是一味地采取暴力。孩子将来面对的是一个竞争社会,如果事事都教孩子宽容退让,容易使成他形成怯懦的个性,无法做到自强自立。所以,让孩子具有反击精神,学会自我保护是非常必要的。

▲从孩子身上找到问题的症结

如果孩子经常受欺负,起码可以说明一点:他的交往方式有问题。这对于孩子的成长是不利的。应该首先从自己孩子身上找到问题的症结,帮他调整与同伴交往的策略,比如礼貌、协商、主动关心等,绝不能强行要求他打回去。因为孩子本身对交往就有畏缩心理,万一动了手也打不回去,他的心理压力就更大,交往也就更不自如了。

▲应该从爱的角度出发,正确引导

一般来说,孩子平时所受的欺负,无非就是被小朋友推了一把,如果没有严重的伤害,爸爸妈妈完全没必要大惊小怪,更不应该用打回去的方式进行反面强化。我们可以抓住这样的事例对孩子进行适时的引导教育,让他体会到这种行为会对别人造成伤害,是大家都不喜欢的,小朋友应该团结友爱,和睦相处。要从培养孩子的爱心出发,尽可能地去淡化人与人之间的敌意,教孩子宽容待人。

▲孩子间的纠纷让孩子自己去解决

孩子间的打闹争斗是平常事,是他们交往过程中必然要经历的。孩子就是在今天吵明天好的过程中学会与人相处的,我们不能以成人的标准去衡量孩子的行为。爸爸妈妈应该有坦然的心态,顺其自然,相信孩子通过摸索实践,最终会找到交往的度,达到心理上的平衡。

▲通过爸爸妈妈或老师来解决

确实有些孩子攻击性特别强,喜欢欺负别人,这个责任主要在于爸爸妈妈的教育。孩子毕竟年龄小,要靠爸爸妈妈来言传身教,正确引导。如果孩子受了欺负,首先应该找对方的爸爸妈妈,让他们去严格教育自己的孩子。老师对孩子间的交往也应有一定的指导、教育责任。对孩子的纠纷,如果爸爸妈妈不便直接介入,可以通过老师找欺负别人的孩子或其爸爸妈妈谈话,协商教育。

十五、怎样让孩子快乐

两方面的快乐,一是过程轻松的快乐。毫无负担压力就能把事情很顺利、很漂亮地完成了;二是结果成功的快乐。一件事情干漂亮了,随之而来的就是表扬和赞许,乃至鲜花掌声与奖赏报酬。

快乐的孩子拥有一些共同的特质,包括较有自信、乐观、有自制力。我们整合专家意见,提供让孩子快乐的12个诀窍:

▲给孩子随性玩耍的时间,不要把生活安排得太有规则

美国儿童教育学者汤姆斯·阿姆斯壮指出,对学龄前的孩子来说,自由玩耍比有计划性的活动更为健康有益。父母要避免将孩子的时间塞满各种活动、课程。所有的孩子都需要有一些无所事事、随性玩耍的时间。唯有这样才能让他们的想象力无拘无束地发挥,让他们可以悠闲地看蜘蛛织网、研究萤火虫如何发光,以他们自然的速度去探索他们所好奇的世界。也许,有时你也该放慢你的脚步,抛开你的行程表,跟着孩子的节奏享受生活。

▲教导他关怀别人

快乐的孩子需要能感受到自己与别人有某些有意义的联结,了解到他对别人的意义。要发展这种感觉,可以帮助孩子多与他人接触;可以和孩子一起整理一些旧玩具,和他一起捐给慈善团体,帮助无家可归的孩子;也可以鼓励孩子在学校参与一些义工活动。专家

指出,即使在很小的年龄,都能从帮助他人的过程中获得快乐并养成乐于助人的习惯。被别人需要,自我价值的实现,也是一种快乐。

▲鼓励他多运动

陪你的孩子玩球、骑脚踏车、游泳等,多运动不但可以锻炼孩子的体能,也会让他变得更开朗。保持动态生活可以适度疏解孩子的压力与情绪,并且让孩子喜欢自己,拥有较正面的身体形象,并从运动中发现乐趣与成就感。

▲笑口常开

常和孩子说说笑话,一起编些好笑的歌,和孩子一起开怀大笑,对你和孩子都有益处。光是大笑就是很好的运动。

▲有创意的赞美

当孩子表现很好时,不要只是说:"很好。"赞美要具体一些,说出细节,指出哪些地方让人印象深刻,或是比上次表现得更好。例如:"你今天主动跟警卫伯伯说早安,真的很有礼貌。"不过,赞美时也要注意,不要养成孩子错误的期待。有些父母会用礼物或用钱奖赏孩子,让孩子把重点都放在可以获得那些报酬上,而不是良好的行为上。父母应该让孩子自己发现,完成一件事情所带来的满足与成就感,而不是用物质报酬来奖赏他。

▲确保孩子吃得健康

健康的饮食,不仅让孩子身体健康,也能让孩子的情绪较稳定。不论是正餐或点心,尽量遵循健康原则,如低脂、低糖、新鲜、均衡的饮食。

▲激发他内在的艺术天分

虽然专家已证实没有所谓的"莫扎特效应",但是多让孩子接触音乐、美术、舞蹈等活动,依然可以丰富孩子的内心世界。专家发现,当孩子随音乐舞动或是拿着画笔涂鸦,其实都是孩子在抒发他内在世界、表达情感的方法。孩子喜欢画画、跳舞或音乐,也会对他自己感到比较满意。

▲常常拥抱

轻轻一个拥抱,传达的是无限的关怀,是无声的"我爱你"。研究发现,温柔的抚触拥抱,可以让早产儿变得较健康、较活泼,情绪也较稳定。对于大人而言,拥抱也能减轻压力、抚平不安的情绪。

▲用心聆听

没有什么比用心聆听更能让孩子感受到被关心。想要当个更好的倾听者吗?不要只用一只耳朵听,当孩子对你说话时,尽量停下你手边正在做的事情,专心听他讲话。要耐心听孩子说完话,不要中途打断,急着帮他表达或是要他快快把话说完,即使他所说的内容你已经听过许多遍了。陪孩子去上学途中或哄孩子上床睡觉时,是最佳的倾听时刻。

▲不要过分追求完美

我们都期望孩子展现出他最好的一面,可是有时候过于急切纠正或改善他们的表现,例如,嫌他们没把桌子擦干净,干脆自己再擦一遍,或是纠正他们一定要把东西摆到一定位置。事事要求完美,会减弱孩子的自信心与不怕犯错的勇气。下次当你忍不住想要搭把手,急着帮孩子把事情做得更好时,不妨先想想看:"这件事跟健康或安全有关吗?想象10年之后,这件事还有这么严重吗?"如果答案是NO,那么就放手让孩子去做吧。

▲自己的事情自己做

从学会系鞋带到自己过马路,每一步都是孩子迈向更独立的里程碑。当孩子发现他有能力解决面对的问题时,就能带给他们快乐与成就感。当他遇到阻碍时,例如被玩伴嘲笑或是无法拼好拼图时,你可有几个步骤来帮助他:①确认他的问题。②让他描述他想到的解决方式。③找出解决问题的步骤。④决定让他自己解决这个问题或提供一些帮助。⑤确定他能获得需要的协助。

▲给他展示才华的机会,给他表演的舞台

每个孩子都有特有的天赋,何不给他们机会表现一下?如果他们喜欢说故事,鼓励他多说故事给你听。如果他对数字很擅长,就带着他去逛街,让他帮你挑选价格便宜的东西。当你能欣赏孩子的才能并表现出你的热情时,孩子自然会更有自信心。

十六、怎样表扬或奖励孩子

表扬是爸爸妈妈常用的一种鼓励宝宝的方法,用这种方法肯定宝宝的优点,鼓励宝宝进步,效果很好。但表扬要讲技巧、讲艺术,如果方法不对,会适得其反。

▲该表扬的要表扬,表扬要具体

宝宝做出值得表扬的事情,才能给予表扬。这样才能给宝宝留下深刻印象。爸爸妈妈应特别强调宝宝令人满意的具体行为,表扬得越具体,宝宝对哪些是好行为就越清楚。比如,宝宝和小朋友在一起玩耍,小朋友摔倒了,爬不起来就哭了,宝宝跑过去把他扶起来,帮他拍净身上的土,把小朋友送回家。如果爸爸妈妈说宝宝今天真乖,宝宝往往不明白"乖"是指什么。你可以这样说:"宝宝今天把小朋友扶起来送回家做得很好,妈妈很高兴。以后和小朋友在一起玩耍,就像这样互相关心、互相帮助。"用这种方法既表扬了宝宝,又培养了宝宝关心别人、助人为乐的良好行为。对宝宝的每一个小小的成就,爸爸妈妈都要随时给予鼓励。爸爸妈妈不要吝啬赞扬的话,要用丰富的表情、由衷的喝彩、兴奋的拍手、竖起大拇指的动作来营造一个积极的亲子气氛。这样经常鼓励、表扬宝宝,会促使宝宝健康快乐地茁壮成长。

▲表扬要及时

如果宝宝做了某一件好事,爸爸妈妈就应立即表扬,不要拖延。否则,时间过长,宝宝对这个表扬不会留下什么印象,更不能强化好的行为。

▲表扬要恰如其分

爸爸妈妈不能无故地过多表扬宝宝,只有宝宝什么事情做对了、做好了的时候,爸爸妈妈才能给予表扬。表扬过多,宝宝就会感觉习以为常,对表扬无动于衷了。

▲表扬与奖励相结合

宝宝表现得好,可以适当地给予一些精神奖励和物质奖励,如给宝宝讲一个有趣的小故事,或给一个小玩具、小食品等,以鼓励宝宝继续努力。提倡多精神奖励,少物质奖励;孩子喜欢表扬和鼓励。比如孩子为家人表演唱歌和跳舞,如果听到掌声和喝彩声,就会更起劲地表演,这是体验成功快乐的表现。而成功的快乐是一种巨大的情绪力量,它形成了智慧活动的最佳心理背景,维持着最优的脑部活动状态。

▲正确用钱奖励宝宝

传统观念中,爸爸妈妈大多不想与宝宝分享钱的快乐,其实大可不必。让宝宝早点接触到钱,未必不是好事。关键是要让宝宝对钱有个正确的态度,让他明白爸爸妈妈赚钱的不易。首先,爸爸妈妈需要了解儿童的心理发展特点,耐心读懂宝宝的心。对于用钱奖励宝宝的爸爸妈妈来说,并不是想和宝宝做交易,而只是以此作为激励宝宝更努力学习的一种方式。要让宝宝知道世上没有不劳而获的金钱,要让他知道爸爸妈妈是怎么工作才得到钱的。不妨每天给宝宝提一些要求,待他完成了再给予奖励。最好给宝宝买一个存钱罐,让他把"奖励"存起来。爸爸妈妈不要在宝宝的眼泪面前无原则地投降,现在的心软是对宝宝未来的残忍。

▲不要轻易责骂宝宝

虽然在"称赞"与"责骂"两种教育方式中,后者往往较能发挥教育效力,但常常挨骂的孩子,会为了反抗而发展出不正常的能力。所以,爸爸妈妈不要轻易责骂宝宝。如果无法教给他正确的做法,至少也应讲解受责的原因。尽管他不能完全理解其挨骂挨打的理由,但也会从大人的态度上知道自己到底错在了哪里。总之,表扬宝宝要讲究艺术,通过表扬增强宝宝分辨是非的能力,并鼓励他不断上进。

十七、宝宝犯了错误怎么办

宝宝犯错时,爸爸妈妈要告诉宝宝错在哪里。有的爸爸妈妈,当宝宝犯错时只是一味地惩罚责备,惩罚完一心疼马上给他一颗糖,以示安慰。这样的做法是非常不好的。惩罚责备后要告诉宝宝应该怎么做、达到什么要求或标准,否则会有什么样的后果,并要求宝宝改错。如孩子有乱丢东西、不爱整理的习惯,爸爸妈妈在惩罚时就应该让他自己收拾好东西、整理好玩具。爸爸妈妈千万不能含糊其词,甚至让孩子自己去想。爸爸妈妈不告诉宝宝错在哪里,宝宝改错就没有目标。

▲询问与谅解

宝宝犯了错,首先,你要学会"询问"原因。例如:能告诉妈妈你为什么要这么做吗?多问问宝宝为什么要这样做,千万不要用"定罪"的方式去问宝宝,例如:"你知道错了吗?""定罪式"问话只会让宝宝害怕、拒绝、逆反,因为这样做分明是把所有的责任都推在了宝宝身上,而且不容解释。而"询问"的真实目的是想得到一个合理的解释,了解宝宝的思维轨迹与内心需要。其实,并不是所有的询问都能得到答案,因为年幼的宝宝根本还不会解释。所以,即使宝宝不能给出合理的理由,你也必须学会"谅解",多给宝宝一点儿时间,等待他告诉你"为什么"。

▲教宝宝树立正确的善恶观

古人有训:"勿以恶小而为之,勿以善小而不为。"父母应该努力使宝宝在头脑中形成这种观念,树立正确的善恶观。对善事,无论多小都要积极去做;对恶事,无论看起来多么微不足道,都不要去做。父母要有一定的警惕性,发现宝宝犯错误时不能姑息迁就,一定要指出危害。千万不要因为事情不大,而忽视对宝宝的正面教育,因为很多宝宝犯错误,往往都是从微不足道的小事开始的,由"恶小而为之",逐渐发展到不可收拾,最后难以自拔,铸成大错。

▲就事论事

宝宝犯了错,有些不是原则性的,父母要给予谅解。对待宝宝犯错,父母一定要就事论事,不要因为自己的情绪或面子而夸大事实,随意加重事态的严重性。

▲纠正宝宝错误要及时

管教是有时效性的,而且越小的宝宝越要注意这一点。家长应当及时抓住宝宝"我犯错误了"的心理进行有效的教育和纠正,这样,宝宝就会不犯或少犯这一类的错误了。这样做的道理是宝宝的注意力有限,如果当下不立即指出来,事后他就忘了当时的情境,再管教时,效果就差得多。此外,过了一段时间,宝宝正高兴时,你突然翻出旧账,莫名其妙地训他一顿,也会让宝宝觉得被骂得莫名其妙,因为他可能早就已经忘了是什么事了。很多时候,我们没有立即管教的原因是怕丢面子。例如在商场里,我们最怕宝宝哭闹不休,为了息事宁人,往往尽可能满足他的要求,然后回家再算总账。宝宝的无理取闹,其实是宝宝在试探自己的权利范围,也在考验父母的能力和定力。宝宝的心灵是非常敏锐的,他知道要面子是父母的软肋,所以就用这招来制约父母,而且在得逞一次之后,他还会再试探第二次、第三次……等几次试探都奏效之后,这个坏的行为模式就牢牢地建立起来了。

十八、怎样批评或处罚孩子

新手爸妈经常会为宝宝"犯错误、闹情绪"而伤脑筋。面对孩子不当的行为、举止时,做家长的应先了解其原因,再以适当的方法处理。但如果孩子想以丢东西、打架等方式达到自己的目的,父母就需适当给予处罚,让孩子了解他的这些举动是不对的。有哪些方法可以让孩子得到反省和警示,下次不再犯同样的错误呢?

▲规劝

案例:与同伴吵架、抢夺玩具……

处罚办法:先放下手边的工作,并走到孩子身旁,让孩子知道你正在注意和关注,然后询问孩子争执、吵架的原因,并耐心听完孩子的想法,告诉孩子打人、抢夺是不正确的行为,并要求孩子学会说"请""谢谢""对不起"。

建议:勿以很大声音去压住或威胁孩子;勿直接将孩子拉开,然后大声训斥孩子;言语间避免伤孩子的自尊心。

▲纸棒打手心

案例:打架、乱丢东西……

处罚办法:用报纸制作一纸棒,外面可包上一层装饰纸,赋予它一个名称,如警棒、陈家棒……放在固定的地方作为警示。

建议:在心情好的时候制作,可与孩子一起讨论制作警棒的原因。处罚孩子时先让他说出自己错在什么地方,提醒处罚的原因;部位以手心、屁股为主,其他部位则应避免。

▲罚坐

案例:吵闹不休、吵架……

处罚办法:在处罚区摆上软垫或一张椅子,可取个名字,如"老虎椅"。

建议:处罚地点不正对大门、不在太明显的地方;限制处罚时间,或让孩子讲处罚多久;处罚完后,让孩子说出今天被处罚的原因。

▲帮忙做家务

案例:乱画,乱丢东西、玩具……

处罚办法:准备一块抹布、扫把、盆子等清洁用具,让孩子学习清理而养成整洁的习惯。

建议:父母应随时注意孩子的安全。婴幼儿在父母带领下做家务,训练孩子养成物归原处(归位)的习惯,询问孩子在帮忙做家务时用到了什么。

▲画画

案例:喜欢骂人、抓人、踢人、咬人等小动作。

处罚办法:依家庭的情况,在固定处摆放一张小桌子(此处罚桌最好不要是平常使用到的书桌、餐桌等,以免孩子日后使用到这些桌子时会产生害怕、恐惧的心理),准备一本画册及颜色不同的画笔,让孩子画出或写出心中的想法。

建议:当孩子有受伤时,先处理受伤部位再处罚;让孩子将发生时间和做错的事情画下来;大人先控制自己的情绪,可从孩子的画中了解到孩子犯错的心理。此为艺术治疗法,较不会伤害到孩子自尊心。

▲罚站

案例:故意从高处往下跳、车上跑跑跳跳。

处罚办法:在家中规划一个处罚区,可取个名字如"黑三角"。地点以靠墙壁、不正对大门为主;地上铺上软垫。准备一个闹钟,计时孩子处罚的时间。

建议:处罚地点不宜太明显或正对大门,以免伤及孩子自尊;与孩子讲处罚时间不宜太久,否则会造成孩子更顽皮的反效果。视孩子的高度来决定垫子高度。处罚完后,询问孩子被处罚的原因,让孩子自己知道做错的原因。

▲看书、写字

案例:暴力倾向、说谎、顺手牵羊……

处罚办法:选择固定处罚区,铺上软垫或摆放小桌子。在处罚区放铅笔、画纸、彩色笔、故事书、色纸……让孩子自己先写字或看书,化解孩子愤怒的情绪。

建议:当不能马上放下手头的工作时,可先叫孩子到处罚区去反省,别怒斥孩子的不是。与孩子先隔离,缓和彼此的情绪;等情绪平复后,再询问孩子犯错的动机。

▲没收心爱的东西

案例:吵闹不休、乱丢东西、不收玩具……

处罚办法:将孩子乱丢的物品予以没收,作为惩罚。

建议:先放下手边的工作,并走到孩子身旁,让孩子知道妈妈正在注意和关注;告诉孩子将乱丢的物品收好、停止吵闹,否则将有所处罚。让孩子说出为什么犯错和妈妈生气的原因。

▲排珠子

案例:针对耐心不足、乱丢东西等情况。

处罚办法:准备一个盒子,里面有红色、绿色等彩色的珠子;准备几个塑料罐子。让孩子将各种颜色的珠子,放到相应颜色的塑料罐子里。

建议:如果孩子本身很叛逆,视情况处理,可先罚站、罚坐再做处罚,此目的在于训练孩子养成物归原处的习惯,可训练手眼协调、分辨能力。完成后,让孩子知道被处罚的原因。

▲禁止某些权利

案例:不爱刷牙、挑食、乱丢东西……

处罚办法:将孩子爱吃、爱玩的东西暂时禁止碰触,作为惩罚。

建议:不以威胁、愤怒的态度大声对孩子说;让孩子知道禁止这些权利的原因,当孩子日后表现佳时,恢复其权利。

▲把握原则,控制情绪

专家也表示,孩子成长过程当中,难免都会犯错,无论是无心的或是故意的,当父母在处罚孩子时,还需注意一些事情,以免造成不良的后遗症。①安全问题,处罚物品的材质避免过于坚硬;②控制自己的情绪反应;③处罚的地点应选择不明显、不正对大门的地方,以免伤到孩子自尊心;④注意措辞、语气,勿以威胁、恐吓的话语对孩子说;⑤处罚内容需彻底执行,不宽容、妥协;⑥处罚后安抚孩子,让他知道父母对他的关心和关爱。

十九、怎么培养孩子的"五心"

1. 自信心

自信心是由积极自我评价引起的自我肯定,并期望受到他人、集体和社会尊重的一种积极向上的情感倾向。自信就是自己相信自己。自信心强的孩子能积极主动地参加各种活动,能积极地与他人交往,与同伴建立起良好的关系,能勇敢地面对困难,大胆尝试;缺乏自信心的孩子往往表现出不敢主动要求参加集体活动,不敢主动提出自己的意见和建议,不敢在众人面前大胆地表现自己,面对新事物、新活动常常害怕、退缩等。可见自信心对孩子的身心发展很重要。培养孩子的自信心需要注意以下几点:

(1)多为孩子创造一些交往和沟通的条件和机会。现在的父母对孩子总是呵护有加,孩子"大门不出,二门不迈",势必少了与人交往的经验,也就缺乏交往的自信,甚至不知道该如何与小朋友相处,显得比较被动。所以父母应该经常带孩子多串门,多参加一些聚会,宝宝会在观察父母与别人交往的过程中学到不少东西。给宝宝当众发言的机会,培养宝宝当众辩论的能力。这样一来,环境熟悉了,经历多了,宝宝就不紧张了,胆子就会大起来,逐步产生自信。

(2)尊重宝宝,重视他的需要,放手让他做。宝宝的事,不管是物质方面还是精神方面,都要尽可能听听宝宝自己的意见,即使我们认为是不正确的,也要尊重他的想法。家长尽量满足孩子的合理需要,给宝宝自己选择的机会,以增加宝宝的自信心。经常忽视他的需要,会让他因不被重视而失去信心。放手让孩子做,给他施展才华的舞台,比如每次出门,不管是拜访亲友还是外出旅游,总是让宝宝走在前头,为我们带路。

(3)让宝宝多和同龄宝宝玩耍。让宝宝接近陌生小朋友,积极鼓励他与不同年龄的小朋友一起玩。跟大宝宝玩,能学会遵守规则;跟小宝宝玩,可以学会照顾别人。待他交到几个好朋友之后,胆子自然就大了。当然,孩子之间往往会发生一些小"摩擦",最好试着先让他们自己解决,实在解决不了时,大人再出面。这样既可以培养他的社交能力,又可以培养他的自信心。

(4)宝宝出错了、失败了,家长宜安慰,不宜打骂。关爱给孩子温暖,自信心需要温暖;责罚给孩子冷酷,自信心拒绝冷酷。最好用暗示的方式使宝宝相信天无绝人之路,使宝宝相信有时"坏事会变成好事"。

(5)宝宝有进步、有成绩,家长要表扬和鼓励。发现宝宝的优点和成绩,家长要及时表扬和鼓励,这不仅对一般宝宝有效,即使是优秀的宝宝也需要鼓励。

(6)通过适当的体能锻炼,更可以直接增强宝宝的自信心。

(7)运动增强自信心。经常带宝宝跑跑跳跳、爬上爬下、做体操、翻跟头等,运动不但使孩子掌握运动技巧、发展宝宝肢体的协调能力、促进大脑思维发育,而且运动还能使宝宝体验到成功,"成功是自信之母"。宝宝即使在运动中受点小伤小痛,爸爸妈妈也不必太在意。如果过分在意这些,宝宝就变得比较娇气。如果家长看淡这些小伤痛,宝宝也会坚强,能更多地感受到自己的力量,并因此会变得更加开朗、自信。

2. 自尊心

自尊心是孩子精神人格的脊梁,如果孩子没有建立起自尊心,他就不会在意别人怎样看他,不懂如何去看别人的眼神,不会寻求别人的尊重和认可,由此也就没有了上进心。建立孩子自尊心的方法如下:

(1)爱孩子、尊重孩子。家长与孩子的关系是平等的,父母尊重孩子,孩子就会尊重父母;孩子尊重别人,也会赢得别人的尊重。家长不要敷衍孩子,比如他想跟你说话,你只要停下手头的工作,眼睛看着他,以此来表明你是真的在听他说话。这对培养孩子的自尊心有奇效,因为它传递的信息是:孩子在父母的心目中是重要的、有价值的。父母越爱孩子,孩子越有自尊心。父母经常抱抱孩子、亲亲他、拍拍他的肩膀,经常告诉他,爸爸妈妈是多么爱他,孩子的自我价值就会上升,开始感觉自己很好,进而产生更大的动力。

(2)允许孩子犯错,不要经常数落他。孩子做错事或弄坏东西都是在所难免的,比如孩子把碗放得太靠桌边,掉下来打碎了,家长不要数落他"真无用""你怎么这样不听话"等,而是让他想想下次怎么做才不会掉下来。这样,他的自尊心就不会受到伤害,他会明白,偶尔犯错是允许的。不要怕孩子淘气给你添麻烦,而要多考虑什么有益于孩子的心理成长,因为幼儿的心理健康主要是指其合理的需要和愿望得到满足之后,情绪和社会化等方面所表现出来的一种良好的心理状态。家长也要克制自己简单和粗暴的教育方式。如果真是不让孩子玩某样东西,应该用转移注意力的方式转移孩子的兴趣。

(3)不要攀比。别人家孩子说话早,你有没有发现自己的孩子走路早呢?俗话说:尺有所短,寸有所长。每个孩子都有优势,也有劣势,爸爸妈妈不必因为自己孩子不够完美耿耿于怀。每个孩子都需要亲人的支持,他们都想从亲人那里得到这样的信息:我相信你,我支持你,我知道你很努力。加油!

(4)祝贺和赞赏。爸爸妈妈每天都要对宝宝好的表现、好的做法表示祝贺和赞赏。妈妈真诚的表扬和爸爸热情的喝彩,孩子会觉得很温暖、很自信,充满自尊。

3. 好奇心

好奇心是孩子与生俱来的,对未知世界的观察、探索、思索和提问,是孩子产生兴趣的源泉,也是创造力的源泉。科学家培根曾经说过:"好奇心是幼儿智慧的嫩芽。"幼儿对世界的认识是从好奇开始的,强烈的好奇心会增强幼儿的求知欲,对创造性思维与想象力的形成具有十分重要的意义。另外,宝宝的好奇心还有以下作用:训练正确的判断及决策能力;培养责任心;培养独立思考的能力;提升观察力和敏锐度;培养自主能力;扩大视野,增加见识;培养耐心与恒心。培养孩子好奇心,家长应该注意以下问题:

(1)给孩子创造一个丰富多彩的生活环境。环境刺激是丰富多彩的。当世界上千姿百态的事物具体地呈现在孩子的面前时,要让宝宝亲自去看看、听听、闻闻、尝尝,以至摸、掰、拆等摆弄一番。这实际上就是让孩子主动去探索生活中的奥秘。日常生活中,可以让孩子多玩些色彩鲜艳的或者能活动、能发声的玩具,如各种娃娃、带动力的小汽车、飞机、小铃铛、玩具乐器等,从一开始认识世界就丰富孩子的眼界。在节假日还可以带孩子出去郊游,大自然中的花草树木、鸟兽虫鱼、青山绿水都充满了知识的奥秘,对孩子有着无穷的吸引力。

(2)利用故事增强孩子的好奇心。故事是用口语化的艺术语言来表达的,它有内容,有情节,形象生动,孩子非常喜欢听。故事不但能丰富孩子的知识,扩展孩子的视野,使他们从中懂得人生的哲理和人生价值,而且还能起到增强好奇心、丰富想象力,从而激发求知欲的作用。

(3)鼓励孩子积极探索。好奇、好问、好动是孩子的天性,我们应加以爱护,并给他们充分的自由,允许他们大胆地去想象。即使孩子产生了一些稀奇古怪的想法,也不能盲目否定,而应采取他们能理解的方式,耐心解答,共同讨论,或提出问题引导他们继续思索。孩子对外界刺激最初是被动地接受,逐渐开始对周围的一切感到好奇,都想尝试去摸摸、看看,甚至会把玩具拆得七零八碎,这是一种求知欲的表现,也是获得知识和技能的重要途径。如果家长什么都不让孩子动,不但使他失去了学习的机会,也会扼杀他的积极性,将来你想让他有兴趣干点什么事,他也懒得动了。正确的方法应该是,家长对孩子感兴趣的事,耐心地给以讲解,或一起玩。

(4)为孩子提供动脑、动手的机会。根据孩子模仿性强、爱动的特点,可以让他们利用手边的工具,充分运用各种感官,自己观察,自己动手操作,让孩子体验到一种自我成就感和乐趣。比如让孩子自己制作简单的玩具,自己设计一种游戏等。他们对于自己动脑筋想出来、自己动手做出来的东西,有一种偏爱和特殊的兴趣,因而类似活动有利于激发起他们强烈的好奇心和求知欲,从而逐渐培养起学习兴趣。

(5)不要挫伤孩子好问的积极性。孩子对什么都感兴趣,有着强烈的探索精神。他们常会问我们"小鸟为什么不会说话""葡萄为什么酸"等。作为家长应该认真地回答,而不要随随便便地搪塞。

4. 同情心

同情心从心理学上讲也是人格需要之一,即扶助需要。孩子的同情心是一种非常珍贵的感情,它主要表现为对别人痛苦的关心和安慰。具有同情心的人的胸襟是宽大的,它使人能始终保持着一种健康的心态和心境,在处世待人时能设身处地为别人着想,喜欢帮助不幸的人,以仁慈、同情待人,宽恕他人,对他人较为慷慨。社会由人组成,人与人之间的关系是复杂的,又是多层次、多样化、多元化的,若无同情心,办事小肚鸡肠,待人尖酸刻薄,纵有天大的本事,也很难在社会上立足。培养同情心需要从以下两个方面入手:

(1)多进行情感体验。同情心是产生同情情感和同情行为的基础。在日常生活中,小朋友病了,很希望别的小朋友能关心他;小朋友摔倒了,别的小朋友不应该站在旁边看,而应该把他扶起来,帮他拍拍身上的土,问他痛不痛。家长要经常引导宝宝观察什么情况会让别人难过,别人什么时候需要帮助,随时引导幼儿关注困难者,帮助他人。

(2)把同情情感变成同情行为。在幼儿获得同情情感后,家长应引导幼儿把同情认知落实在行动上。例如,邻居家一个小朋友生病了,不停地咳嗽,家长说:"你看浩浩生病了,咳嗽得多厉害,我们应该怎么办?"经家长提示后,孩子说应该看医生。通过交谈,家长进一步强化了自己孩子的同情行为。

5. 爱心

仁爱是人类最光辉灿烂的人性,最崇高、最伟大的品德。为人父母者不仅要爱孩子,更重要的是让孩子学会爱。教子做人,首先要赋予他一颗仁爱之心。如何在生活中培养孩子的爱心呢?

(1)让孩子感受爱。婴幼儿期是人各种心理品质形成的关键时期,因此培养孩子的爱心,要从孩子很小的时候抓起。在婴儿时期,父母要经常爱抚孩子,对孩子微笑,让孩子感受到父母对他的爱,这是孩子萌生爱心的起点。

(2)父母要富有爱心。只有富有爱心的父母,才能培养出富有爱心的孩子。孩子时时刻刻把父母作为自己的榜样,父母的一言一行都在潜移默化地影响着孩子。因此,父母平时就要注意自己的言行举止,做到孝敬老人、关心孩子、关爱他人、乐于助人等,让孩子觉得父母是富有爱心的人,自己也要做一个富有爱心的人。

(3)教孩子学会移情。所谓移情就是为他人着想、感受他人情感的能力。比如当看到别人生病痛苦时,要让孩子结合自己的病痛,体谅他人的痛苦,从而为他人提供力所能及的物质或精神上的帮助。

(4)为孩子提供奉献爱心的机会。许多父母只知道一味地疼爱孩子,却忽略了给孩子提供奉献爱心的机会。其实施爱与接受爱是相互的,如果让孩子只是接受爱,渐渐地,他就丧失了施爱的能力,只知道索取,不知道给予,并且觉得父母关心他是理所当然的。家长要为孩子提供奉献爱心的机会,比如在公共汽车上,家长对孩子说:"你看,那个阿姨抱着小弟弟多累呀,我们让他们坐到这里来吧。"邻居老人生病,家长带着孩子去探望问候,帮老人做事。新闻报道有人缺钱做手术,生命垂危,家长带孩子去捐款,献上一份爱心……虽然学习很重要,但是性格、习惯、品质、心理对孩子的成长、成才更加重要,并且这些都需要在生活、学习中培养,不会一蹴而就。

(5)保护好孩子的爱心。有时候父母由于工作忙或其他原因,对孩子表现出来的爱心视而不见,或训斥一番,把孩子的爱心扼杀在萌芽之中。比如有个小女孩为刚下班的妈妈倒了一杯茶,妈妈却说:"去去去,快去写作业,谁用你倒茶!"再如有个小孩蹲在地上帮一只受伤的小鸡包扎,小孩的妈妈生气地说:"谁让你摸它了,小鸡多脏呀!"孩子的爱心就这样被父母剥夺了。事实上,在很多情况下父母并不知道自己的行为会在不经意间伤害或剥夺孩子的爱心。

二十、怎么培养孩子的"五力"

1. 观察力

是指大脑对事物的观察能力,如通过观察发现新奇的事物等,在观察过程中对观察对象如动物、植物、声音、气味、温度等的表现,有一个新的认识。心理学家告诉我们,敏锐的观察力表现为全面地把握事物的特征,善于发现事物的细微差别和变化,善于捕捉稍纵即逝的现象等。根据这些特点,我们可以本着由易到难的原则,从感官训练和观察方法训练两方面入手来提高捕捉信息的能力。

▲感官训练

我们知道,观察是各种感官有目的、有计划、持久的感知活动。因此,要使孩子具备敏锐的观察力,各种感觉器官必须灵敏。这对整个智力的发展都是必需的。19世纪,著名意大利女教育家蒙特梭利通过对弱智儿童进行感官训练,能使他们的智力达到正常儿童的水平;对正常儿童的感官进行专门训练,能使他们的智力达到英才水平。可见感官训练是何等重要!下面具体谈谈各种感官的训练方法:

▲观察方法训练

辨别实物:①不同种实物的比较。如找出苹果和梨的异同。②同一种实物的比较。如找出两片树叶、两朵菊花、两只蝴蝶、两个人、两只小鸡的异同。

辨别图形:①从重叠图形中辨认各种物品。②哪个图形与左边这个一样?③指出哪个最大,哪个最小。④找出与圆圈里相同的图形。⑤右边图中哪个图形是左边图形里有的?

辨认字形:①在4个字中找出一个与其他不同的字。②在5个字中找出一个与其他不同的字。

从小培养宝宝的自然观察智能,丰富其对大自然的体验,不仅有助于宝宝今后更快地适应险恶、原始的环境,而且可以让他具有持续一生的对大自然的欣赏和崇敬。

观察力是指发现新现象,以及辨认相似事物的能力,它是认识世界的重要途径,是发展智能的基础。

▲培养观察力的主要方法

★培养浓厚的兴趣。

★提出观察的内容。

★辨认相似的事物,发现问题、提出问题、解决问题。

★掌握观察的技巧,有顺序地进行观察,由轮廓到细节,由特殊到一般,由远到近,由上到下,由里到外,等等。

★自闭症(婴儿孤独症)的根本原因就在于观察力薄弱,视而不见,听而不闻,大脑获得的信息量太少。

2. 注意力

注意力是指人的心理活动指向和集中于某种事物的能力。如有的人能全神贯注地长时间地看书或研究课题等,而对其他无关的游戏、活动等的兴趣大大降低,这就是注意力强的体现。

注意力分为被动注意(无意识注意)和主动注意(有意识注意),前者没有一定目的,不需要任何努力,不由自主地、无意识地注意;后者有明确的目的,指向一定的对象,需要做出一定的努力,并持续一定的时间,如上课听讲、听故事等。年龄越小往往被动注意力越强,主动注意力相对较弱,而且主动注意能持续的时间也越短。一般而言,5~7岁的孩子主动注意力集中的时间平均是15分钟。

▲培养注意力的主要方法

★培养兴趣,使有意注意发展成"有意后注意"。

★教材要直观、形象,以便"视听兼顾,手脑并用"。

★寓注意力于游戏之中。

★防止会分散注意力的干扰因素。

★把"有意注意"和"无意注意"有节奏地交替进行。

★努力培养自控能力。

▲阳性强化法

当目的达到后,就给予一定的奖励。如:①社会性奖赏:微笑、点头、竖大拇指、赞许、拥抱、鼓励、表扬等;②活动性奖赏:参加游戏、看电视、上公园、郊游等;③消费性奖赏:给予糖果、饮料等一次性消费品;④拥有性奖赏:在一段时间内,孩子可拥有享受性的东西(如穿新衣服,有独用的玩具等"私有财产");⑤累计性奖赏:给予五角星、小红旗等象征性物品,当积累到一定程度时,可换取较贵重的物品(如玩具、上馆子吃一顿美食等)。

阳性强化法操作要点:

★奖赏的物品要选孩子非常喜欢、需求强烈的东西(如新衣服、值钱的玩具等)。

★要立刻兑现,说明达到要求和奖赏两者之间密不可分。

★奖赏的数量不宜过多。

★逐渐减少物质奖励,慢慢地过渡到社会性或活动性奖励。

▲阴性消退法:一旦出现不良行为,立即受到厌恶刺激(又称"惩罚物")。如:①谴责:如瞪眼睛,大声呵斥,暂时隔离;②取消原先许诺的阳性强化物(如暂停玩耍,没收玩具,取消事先答应的上公园、郊游、吃美味食品等);③适当地体罚(给予令人厌恶的声音、会引起疼痛的刺激等)。

阴性消退法操作要点:

★惩罚必须及时、适度,使之明确其因果关系,并产生威慑感。

★惩罚只能纠正旧的问题,并不能产生新的行为,故需要有意识地帮助其建立新的正常行为,并及时配合阳性强化法。

★强烈的惩罚会引起不良的情绪反应,不利于其自尊心和心理发育,故只有在不得已的情况下才偶尔采用。

3. 记忆力

记忆力是识记、保持、再认识和重现客观事物所反映的内容和经验的能力。如我们到老时也还记得父亲母亲年轻时的形象、少年时家庭的环境等一些场景,那就是人的记忆在起作用。记忆是生活实践中经历过的事物在大脑中留下的印迹。记忆分为再认和重现。前者是原先感知过的事物,在眼前重现时能识别出来;后者是过去感知过的事物不在眼前时,仍然能在脑海中重现出来。

▲记忆的三段过程

★编码。是看到的(视觉)、听到的(听觉)或其他感官获得的信息经过挑选的过程。

★储存——短期记忆。

★储存——长期记忆。

经过挑选的信息储存在短期记忆中,如果信息很重要,可以传递到长期记忆中。反复地复述和提取可以避免遗忘。

▲培养记忆力的方法

★要有明确的目的和要求。要求不同,结果也不同。例如:对三年级甲班学生,只要求阅读一段课文,无明确任务;对三年级乙班学生,不但要求阅读同一段课文,而且要求回答有关的问题;对三年级丙班学生,不但要求阅读课文和回答问题,而且把回答得正确与否,都要记入成绩报告单中。结果正确率是:丙班＞乙班＞甲班。

★在充分理解的基础上记忆。记忆分为机械性记忆和理解性记忆。前者是反映了事物个别的、外部的联系;后者是触及事物本质的、内在的联系。

★防止遗忘。防止遗忘最好的方法是及时进行复习。

▲加强记忆力的主要方法

★兴趣能增强记忆。

★理解能帮助记忆。

★读出声音能帮助记忆。

★仔细观察要记的对象,找出特点有助于记忆。

★重要的内容,放在开头或结尾时去记忆。

★一次要记的东西,以不超过 7 个为好,因此如果内容很多,要先分类、整理才能记住。

4. 思维力

思维力是人脑对客观事物间接的、概括的反应能力。当人在学会观察事物之后,他逐渐会把各种不同的物品、事件、经验分类归纳,不同的类型他都能通过思维进行概括。

★尽量同时调动儿童的多种感官:看、听、闻、尝等。

★启发幼儿积极思维:不断提出任务和要求,成人千万不要包办代替,只有通过他自己的积极努力,才能提高其思维能力。如猜谜语。

★孩子对新的东西喜欢摸一摸、动一动、拆一拆、装一装,这是儿童喜欢探究和求知欲的表现,要及时引导、鼓励。

★鼓励和发展幼儿的口头语言,多和孩子对话、提问,使他尽量多地掌握一些词汇,使之能用规范的语言表达自己的认识能力,帮助他尽早从具体形象思维向抽象逻辑思维转化。

5. 想象力

想象力是人在已有形象的基础上,在头脑中创造出新形象的能力。比如当你说起汽车,我马上就想象出各种各样的汽车形象来就是这个道理。因此,想象一般是在掌握一定的知识面的基础上完成的。

想象是把头脑中已有的事物形象进行加工、改组，创造出新形象的一种心理过程，没有想象就不可能有创造发明，就不可能有任何预见。

▲培养想象力的方法

★要重视发育的关键期，扩大眼界、丰富知识，从而储存更多的素材。

★提供必要的玩具，是发展想象力的物质支撑（不需要很完善、很逼真、很高级），最好是一些半成品，使之有发挥想象力的余地。

★通过讲故事、搭积木、玩橡皮泥以及拼图、舞蹈，使孩子边想边做、边做边想。

二十一、孩子需要懂得哪些社会交往规则

★别人说话时，要认真听，少插话，眼睛注视着说话的人；别人问话时，要作声回答，只是点头或摇头是不礼貌的。

★别人有好的表现、好的成绩，要替他高兴，表示祝贺，如鼓掌；别人失利，表示同情，给予安慰。

★别人为你办事，要说"谢谢"；接到礼物或奖品，要表示感谢，不可以嫌弃。

★自己有好的表现、好的成绩，不要炫耀；自己失利，不要气馁。

★给别人带来不便，如踩脚、咳嗽、打喷嚏都要说"对不起"。禁止一些不礼貌的动作，如咂嘴、喷喷发声、转眼珠、抖腿或做出对人不敬的手势。

★结识新朋友时，最好记住对方名字。

二十二、孩子需要养成哪些好习惯

著名教育家叶圣陶说："什么是教育，简单一句话，就是要养成良好的习惯。"良好习惯是一个人成功的快车道。凡是成功、成名者无不从小就养成了许多好习惯，正是这些好习惯促使他们取得了非凡

的成就。比如很多优秀的硕士、博士、教授,没有人是靠意志力来学习的,他们都是因为学习产生了快乐才会没日没夜地学习,后来就养成了习惯。一个人的习惯决定了他日常的行为,而日常行为决定了他一生的成就。我们需要孩子养成以下好习惯:

▲睡眠习惯

①应从小培养孩子有规律的睡眠习惯;②儿童居室应安静、光线柔和,睡前避免过度兴奋;③儿童应该有相对固定的作息时间,包括睡眠;④婴儿可利用固定乐曲催眠入睡,不拍、不摇、不抱,不可用喂哺催眠;⑤保证充足的睡眠时间;⑥培养孩子独自睡觉。

▲进食习惯

①按时添加辅食;②进食量根据小儿的自愿,不要强行喂食;③培养定时、定位(位置)及定餐桌、餐椅、餐具自己用餐;④全面饮食,均衡营养,不偏食、不挑食、不吃零食;⑤饭前洗手;⑥培养用餐礼貌;⑥勤喝水,注意蔬菜水果摄入量。

▲排便习惯

东西方文化及传统的差异,对待大小便的训练意见绝对不同。我国多数的家长习惯于及早训练大小便,最好是每天早晨排大便;而西方的家长一切均顺其自然。但用尿布不会影响控制大小便能力的培养。

▲卫生习惯

从婴儿期起就应培养良好的卫生习惯,定时洗澡、勤剪指甲、勤换衣裤,不随地大小便。3岁以后培养小儿自己早晚刷牙、饭后漱口、饭前便后洗手的习惯。儿童应养成不喝生水和不吃未洗净的瓜果,不食掉在地上的食物、不随地吐痰、不乱扔果皮纸屑的良好卫生习惯。

▲劳动习惯

让孩子从小就知道"劳动光荣,懒惰可耻",幸福生活来自劳动;让孩子从小尊敬劳动者,珍惜劳动成果。劳动既可以获得劳动成果、增加技能,又可以培养自我服务能力和社会适应能力。劳动从学做家务开始,如:学会扫地、洗碗、铺床、叠被、整理自己的小房间等。

▲安全习惯

"安全无小事,小事保安全",习惯决定安全,养成安全习惯才能保障安全。远离水、火、电、天然气;远离陌生人,不吃陌生人给的东西,不跟陌生人说话,不给陌生人开门,不跟陌生人去玩;婴幼儿需要家长陪伴,不要远离爸爸妈妈,不要在马路上乱跑,不要乱吃东西;注意交通规则,"红灯停,绿灯行";等等。

▲归位习惯

孩子吃过饭,杯盘碗筷、食物垃圾堆满了桌子;孩子玩后,各种玩具散了一地;孩子起床后,床铺被褥乱糟糟的;东西乱丢乱放,该用时找不到。怎样让孩子养成归位习惯呢?

(1)让宝宝懂得物归原处会给他人和自己带来便利。经常告诉孩子用完东西后,应放回原处。孩子的习惯受大人影响,因此家长时时刻刻都要以身作则。比如孩子吃完香蕉,要提醒把香蕉皮扔到垃圾桶里,吃完面包要把面包袋扔到垃圾桶里。我们多说一句话,可能就让孩子从无意识到有意识养成了好的习惯。

(2)让宝宝学会整理自己的物品和玩具。对于宝宝的个人物品和玩具,家长应及早放手让宝宝自己学会整理。比如一地玩具,我们对他说,我们的玩具在哪儿拿的啊?孩子会马上告诉你。那我们一块儿把它放回去吧,玩具累了,让它"回家"休息休息好吗?孩子会很乐意。刚开始的时候我们领着孩子收拾,以后慢慢地,让孩子自己收拾。很多情况下,宝宝不知道该怎样做而不愿意整理,这时,家长应该示范一下,让宝宝学会物归原处,并有意识地保持物品的条理和整洁。

(3)为宝宝创造一个整洁的家庭环境。一个温馨整洁、错落有致的家庭环境,往往会潜在地传递给宝宝做事整洁、条理清楚的正信息。反之,一个凌乱不堪的家庭环境,则会让宝宝养成随意乱扔、不讲条理的坏习惯。

二十三、孩子怎样才能养成好习惯

在帮助宝宝养成好习惯的过程中,更需要改变的是孩子的父母。

宝宝更关心自己看到了什么,而不是对他说了什么。所以,好习惯需要家长以身作则,要言传更要身教。好行为不断重复和坚持,就会形成好习惯。

行为心理学研究表明:一个行为重复21天以上就会形成习惯;重复90天就会形成稳定的习惯。习惯的形成大致分三个阶段。

第一阶段:1~7天。此阶段的特征是"刻意,不自然"。你需要十分刻意提醒自己改变原有的不良习惯,代之以新的行为,而你也会因此觉得有些不自然,不舒服。

第二阶段:7~21天。不要放弃第一阶段的努力,继续重复,跨入第二阶段。此阶段的特征是"刻意,自然"。你已经觉得比较自然,比较舒服了,但是一不留意,你还会回到从前。因此,你还需要刻意提醒自己做出改变。

第三阶段:21~90天。此阶段的特征是"不经意,自然",其实这就是习惯。这一阶段被称为"习惯的稳定期"。一旦跨入此阶段,一个人已经完成了自我改造,这项习惯就已经成为他生命中的一个组成部分,它会自然而然地不停地为你"效劳"。

二十四、孩子需要遵守哪些家教礼仪

★吃饭时让家长先动碗筷用餐;注意"吃相",要闭着嘴咀嚼食物,细嚼慢咽;吃完饭,打扫餐桌,自己的垃圾自己处理。从餐桌上学礼貌,随时随地教育,培养孩子的礼仪。

★别人掉东西,帮忙捡起;给别人让路;给别人开门;乘车时给"老弱病残"人员让座;给别人方便;扶老携幼,助人为乐。

★注意爱护环境,爱护动物,爱护植物,爱护财物。

★不要挡道,主动给别人让路。别人碰着你,不管你有没有错,都要说一声"对不起"。

★不管在哪里,都要保持安静,小声说话,勿妨碍他人。

★遵守时间,遵守约定,哪怕晚一分或一秒都算迟到。为了孩子,父母必须学会守时。家长哪怕迟到一分钟,也要向孩子道歉!

二十五、孩子需要具备哪些品德素养

▲善良

善良、有爱心,是一个人内心最原始、最淳朴的感情精华。真正的善良是真诚的同情与怜悯,无私的关爱与祝福。珍爱善良,拥有善良,撒播善良,既使自己美丽,也使别人温暖。

▲助人

助人,就是帮助、关心别人,能够在他人需要帮助的时候伸出一双热情温暖的手。每个人在生活中都难免遇到困难,助人是相互的,每个人都有帮助他人和被他人帮助的经历。急人所急,帮人之难,是一种高尚的品格,帮助别人,也能快乐自己。

▲感恩

感恩是一种美德,教宝宝学会感恩,让宝宝感激养育他的父母,感激给予他知识的老师,感激给予他帮助的同学和朋友,感激生活中一切美好的事物。当一个人懂得感恩时,便会将感恩化作充满爱意的行动,实践于生活中。一颗感恩的心,就是一粒和平的种子。感恩不是简单的报恩,它是一种责任、自立、自尊和追求阳光人生的精神境界!

▲孝顺

孝顺父母、尊敬老人,是我们对宝宝进行教育的前提。

▲明礼

明末清初的大思想家颜元有句名言:"国尚礼则国昌,家尚礼则家大,身尚礼则身修,心尚礼则心泰。"注重对宝宝进行文明礼貌教育,无论对国家、对家庭还是对宝宝自身来说,都具有十分重要的意义。在人与人交往中,需要有一定的行为规范,并从语言和动作上表现出来。其基本原则,一是敬人;二是律己;三是适度;四是真诚。也就是说,在交往过程中要有爱心,会关心和尊敬他人;既积极主动、礼貌待人,又自我约束、以诚待人。教会孩子经常使用"请,谢谢,对不起,没关系,再见,您好,您早"这些文明用语,如果爸爸妈妈也经常将这些词挂在嘴边,那么,恭喜你,你的宝宝也一定会是个十分懂礼貌、有教养的孩子。

▲诚实

"讲实话"或许会遇到一点小麻烦,但还是值得的,说明良心未泯。"讲实话"非常重要,因为此举能赢得别人的尊重和信任。

▲谦虚

谦虚是指不自满,肯接受批评,并虚心向人请教。有真才实学的人往往虚怀若谷,谦虚谨慎;而不学无术、一知半解的人,却常常骄傲自大,自以为是,好为人师。谦虚是一种美德,是进取和成功的必要前提。虚心使人进步,骄傲使人落后!

▲节俭

成由勤俭败由奢!宝宝是不是懂得节俭,全看父母做出怎样的示范。节是节制而有度,俭是节约不浪费,这种理性的生活态度,无论古今、穷富都值得大力提倡。再怎么富裕,都要避免不必要的浪费,教育孩子不必要的花费就是浪费,几块钱也是浪费。节约光荣,浪费可耻!小时候乱花钱,长大就不懂得节俭。带孩子去银行,关键不是存多少钱,而是拥有储蓄意识。

▲独立

教育孩子独立,不能舍不得。告诉孩子:跌倒了,自己站起来;自己的事情自己做,自己能够完成的,就不接受他人帮助。应在日常生活中培养婴幼儿的独立能力,如自行进食、控制大小便、独自睡觉、自己穿衣鞋等。年长儿则应培养其独立分析、解决问题的能力。

▲乐于吃苦

孟子说:天将降大任于斯人也,必先苦其心志,劳其筋骨,饿其体肤。敢吃苦的人先苦后甜,是因为他们能吃苦而不会再吃苦;怕吃苦而不吃苦的人,先甜后苦,是因为他们怕吃苦而偏偏吃苦。先苦后甜,是苦尽甘来,这种苦是经验,是财富,是美好的回忆。先甜后苦,是甜尽苦来,这种苦是教训。享乐在先,能令人羡慕,但这只是昙花一现,只有能吃苦才能幸福长久。只有发扬吃苦精神,才能磨砺意志,鼓舞斗志,敢为人先,才能有所作为。

▲拾金不昧

"我在马路边捡到一分钱,把它交到警察叔叔手里边……"我们许多人打小就哼唱这首童谣,就知道捡了东西要归还的道理。千百年来,拾金不昧作为一项传统美德,就是这样在潜移默化中不断地传承下来。每个家长都应从小培养孩子"拾金不昧"的好品德,对其成长有很重要的意义。

▲知错就改

一个人难免会出错,尤其是孩子,知错能改,善莫大焉。意思是犯了错误而能改正,没有比这更好的事了。孩子出了错,家长及时指正,帮助孩子改正错误,吸取教训。

经 验 篇

一、早期教育的六大法宝是什么

早期教育的六大法宝是全面均衡营养、感官训练、运动训练、语言训练、游戏训练和道德习惯培养。

二、营养是健康和聪明的基础

1. 营养是健康的基础

人为什么会健康不生病？因为人体内有白细胞，它行使着细胞免疫功能。白细胞就像人体解放军一样，对侵入人体的细菌、病毒有攻击作用，可以直接吞噬和消灭病原体。人为什么会健康不生病？因为人体内有免疫球蛋白，后者行使着体液免疫功能。免疫球蛋白就像人体的枪炮杀伤武器一样，可以包围封锁侵入人体的细菌、病毒，防止病情蔓延。

所以，健康离不开白细胞和免疫球蛋白的护卫。然而它们也是有寿命的，它们需要代谢更新。白细胞平均寿命7～14天。免疫球蛋白的平均寿命是3～6个月。白细胞和免疫球蛋白有了营养支持，就会代谢更新，就会保持旺盛的战斗力。

2. 营养是聪明的基础

智力的生物学基础是人脑的结构和功能。没有脑子，谈何聪明？没有营养，谈何脑子？所以聪明离不开脑子，脑子离不开营养。0～3岁是婴幼儿大脑发育最快的时期。从脑重量看，新生儿脑重平均370

克,6个月为出生时的2倍,2岁末约为3倍,3岁时脑重已接近成人脑重的范围。所以要在婴幼儿脑生长最快的时期,供给更多、更优的神经营养素,以促进大脑的生长发育,为聪明打基础。

0~3岁是出生后生长发育最快的时期,合理及充足的营养是智力、体力和免疫力所依赖的物质基础。人的智力发育与脑的发育密切相关,脑的发育又是智力活动的物质基础。先天和后天的营养又是建造一个完好大脑的关键。为了更好地促进婴幼儿的智力发育,在喂养上要尽量做到合理营养及平衡膳食。

3. 神经营养素有哪些

人体健康所需的营养素有45种之多,与脑发育和脑功能有关的有38种,我们将后者称为神经营养素。主要的神经营养素包括蛋白质、不饱和脂肪酸、碳水化合物、核苷酸、乳铁蛋白、牛磺酸、叶黄素、维生素、铁、锌、碘等。

▲蛋白质、胺类、氨基酸类

★蛋白质。人由细胞组成,而细胞膜、细胞质到细胞核都是由蛋白质构成,所以蛋白质是人体结构性物质。婴儿出生后,是脑发育的关键时期。2年内,脑重量从出生时的370克左右增至1 200克左右,因此要保证蛋白质等营养的充分供应。在婴幼儿脑细胞快速生长阶段,离不开蛋白质。蛋白质分为动物蛋白(主要来源于肉、蛋、奶、鱼等)和植物蛋白(主要来源于大豆、花生等)。在婴幼儿脑细胞快速生长阶段,除了多供给蛋白质食物外,还要注意动物蛋白与植物蛋白的搭配比例。

过去探索提高智力的方法时,往往只强调后天训练,而忽视了一个重要的因素,即形成神经网络的建筑材料——营养。目前越来越多的研究结果表明:使头脑更聪明的食物是存在的。例如欧美人以肉食为主,擅长理论思维,性格刚强、固执;而日本人以米食为主,有较强的实际应用能力,富有创造力。这些特点除与遗传基因有关外,社会环境所形成的饮食习惯不同也是重要因素。这是因为,脑物质的代谢与精神活动和感情变化有重要关系。大多数脑物质都是由氨基酸合成的,而氨基酸的来源是蛋白质,所以,摄取的蛋白质的质和量在一定程度上决定着人的个性和民族性格,与智力相关。

★牛磺酸。促进婴幼儿脑细胞和视网膜细胞的发育和成熟。贝壳类食物和母乳中含量最高。

★胺类。5-羟色胺和儿茶酚胺二者都是由必需氨基酸合成的。必需氨基酸人体自身不能合成,必须从外界蛋白质中摄取。因此,随着进食的食物质量不同,脑物质的量及其浓度也不同,脑的机能状态也不同。如大量摄取蛋白质时,体内去甲肾上腺素浓度便会增加。去甲肾上腺素与人的学习、记忆能力关系十分密切。这种脑物质分泌、传递越活跃,学习和记忆能力就越强。这也正是以肉食为主的民族注意力和耐力较强的奥秘所在。

★谷胱甘肽。谷胱甘肽具有抗氧化作用,是遏制脑细胞老化的活性物质,能有效地提高脑细胞的活力。动物肝脏和鱼肉中含有丰富的谷胱甘肽和脑细胞所需要的其他氨基酸成分。

▲脂肪类

★不饱和脂肪酸。二十二碳六烯酸(DHA),又称为脑黄金;二十碳四烯酸(ARA),又名花生四烯酸。DHA 和 ARA 这两种物质都是长链不饱和脂肪酸,对大脑和视网膜发育非常重要,也是大脑进行生理活动的重要物质基础。婴幼儿的智力水平、行为水平、视觉敏锐度、生长发育状况、抗感染功能、皮肤柔嫩程度等全身的生理机能状况与这两种物质有很重大的关系。母乳中含有丰富的 DHA 和 ARA。

★卵磷脂。卵磷脂约占脑重量的 30%,可见其重要性。它是神经递质的重要原料来源,是神经髓鞘的重要营养物质,它能保障脑细胞的健康,确保营养输入和废物输出。充足的卵磷脂能提高大脑信息传递速度,提高学习效率,让宝宝思维敏捷,注意力集中,记忆力增强。研究发现,孕妇羊水中卵磷脂含量是其血液中的 14 倍,母乳中卵磷脂及代谢物质是其血液中的 100 倍以上,这说明卵磷脂对胎儿及婴幼儿的健康成长作用巨大。富含磷脂的食物有大豆、蘑菇、芝麻、山药、木耳、坚果、谷物、蛋黄、鱼头、鸡、鸭、鱼等。

▲碳水化合物

碳水化合物,主要作用是提供能量。大脑的工作效率之高令人吃惊,然而它的能耗之大也令人吃惊。大脑仅占体重的 2%,而耗能却占人体的20%。大脑是消耗葡萄糖的大户。幸好我们每天吃的米、面等碳水化合物都可以转化为葡萄糖。只有葡萄糖能顺利透过脑屏障进入脑组织被脑细胞利用。

▲胆碱和乙酰胆碱

胆碱是合成磷脂(包括卵磷脂和鞘磷脂)的原料。卵磷脂是一种膜结构成分,对于细胞膜的形成和功能至关重要;鞘磷脂与神经细胞膜结构的形成和神经冲动的传导有密切的关系。胆碱是乙酰胆碱的前体,乙酰胆碱是一种兴奋性神经递质,参与记忆存储,能提高学习能力。胆碱和乙酰胆碱二者是接通各种神经细胞的重要递质(化学信使)。胆碱从食物中吸收入血,随血液循环被大脑吸收利用。人体注入胆碱后,可增强短期记忆能力。这一点已被科学实验所证明。

人脑聪明与否,决定于脑神经细胞间建立的网络规模及各种脑物质的功能状态。构成网络的接点叫突触,突触内有各种各样的神经递质。它们是记忆、思维、信息传递与储存的物质基础,是造成人与人之间智力与体力乃至气质差异的奥秘所在。完成记忆、思维等的100万亿条神经通道,要靠30多种"化学信使"从中搭桥。胆碱和乙酰胆碱是人体内重要的"化学信使"。

▲维生素

大脑的物质代谢和能量代谢都离不开维生素,维生素是多种代谢酶的催活剂,所以维生素与人的智力关系密切。

★维生素B_1。维生素B_1被称为精神性维生素,这是因为维生素B_1对神经组织和精神状态有良好的支持作用。维生素B_1的缺乏容易引起严重的脚气病,并会产生精神症状。

★维生素B_6。维生素B_6为人体内某些酶的辅酶,参与多种代谢反应,尤其参与氨基酸代谢。婴儿膳食中缺乏维生素B_6会引起惊厥、神经炎。维生素B_6在酵母菌、肝脏、谷粒、肉、鱼、蛋、豆类及花生中含量较多。

★维生素B_{12}。是神经系统功能健全不可缺少的维生素。它维护神经髓鞘的代谢与功能,并参与神经组织脂蛋白的合成。缺乏维生素B_{12}时,导致神经障碍、脊髓变性,可导致周围神经炎,并可引起严重的精神症状。儿童缺乏维生素B_{12}的早期表现是情绪异常、表情呆滞、反应迟钝,最后导致贫血。膳食中维生素 B_{12} 供给不足,易患"智力衰退性精神病",表现出判断能力、记忆能力、自制能力下降,语无伦次,性格异常等症状。维生素 B_{12} 主要存在于动物性的食物中,以肝脏、肉为主,乳制品中亦含少量。

★维生素 C。维生素 C 可以使大脑接受外界刺激更加敏感,向外发布命令的线路更加通畅。

▲微量元素

好多种微量元素既是脑组织的结构物质,又是脑代谢酶的活化剂。科学家在研究微量元素与智力的关系时发现,成绩好的学生体内锌含量明显高于学习较差的学生。

★铁。缺铁可影响胶质细胞发育、神经递质代谢及相应受体的形成而引起神经和行为改变,缺铁时注意力涣散,记忆力减退,理解力降低,有攻击行为。

★锌。锌是脑部含量最多的微量元素,与核酸、蛋白质合成密切相关。动物实验表明:大鼠缺锌,脑组织 DNA、RNA 明显减少,脑中谷氨酸上升,γ-氨基丁酸下降。人体观察表明:缺锌地区无脑儿(0.78%)明显多见,51 例缺锌小儿韦氏智商(93.4),低于 95 例同龄健康儿智商(103.6)。富含锌的食物包括海产品、动物肝脏、瘦肉、坚果,父母应关注孩子的锌营养。

★碘。碘是合成甲状腺素的原料。碘的益智作用是通过合成甲状腺素而完成的。

4. 哪些食物更益智

营养的标准有二:其一是营养素全面;其二是营养素均衡。脑细胞在生长发育及代谢更新过程中需要大量的神经营养素,不同食物的神经营养素含量不同。要想获得全面的营养,就需要进食多种食物;要想获得均衡的营养,就需要注意食物搭配。因此营养学家提倡主食粗粮与细粮搭配,副食荤素搭配。理想的动、植物蛋白质搭配比例为 1∶2。在动物蛋白质中瘦肉、蛋类、牛奶、鱼,尤其是海鱼、海虾较优;在植物蛋白质中应多食大豆、花生。平时应多吃动物肝脏、海产品、谷物类、坚果、核桃、芝麻、蘑菇、木耳、蔬菜、水果等;多吃蔬菜水果,以获得较多的维生素和微量元素。

5. 为什么说母乳是最好的健脑食品

▲人乳营养好

人乳是婴儿的天然好食物,对婴儿的健康生长发育有着不可替代的作用。蛋白质和氨基酸是组织细胞生长的结构物质。人乳中乳清蛋白和酪蛋白之比是4∶1,与牛乳(1∶4)有明显差别。也就是说人乳以乳清蛋白为主,含有9种必需氨基酸,营养价值高,在胃内形成的乳凝块细小,容易消化吸收,故母乳喂养的婴儿粪便较软,量也较少。人乳的脂肪呈小球状,较牛乳的脂肪颗粒小,其主要成分为甘油三酯,易于吸收。人乳不饱和脂肪酸占57%,大部分可被吸收,而牛乳中只占34%,因此吸收少。人乳中长链不饱和脂肪酸较高,其中亚油酸和花生四烯酸属必需脂肪酸,这对婴儿脑发育和髓鞘形成非常重要。人乳含乳糖多且以乙型乳糖为主,有利于脑发育;有利于双歧杆菌、乳酸杆菌生长,产生B族维生素;促进肠蠕动;乳糖易于发酵产酸,营造肠道酸性环境,有利于钙、镁、铜、铁、锌的吸收。而牛乳含乳糖少,且以甲型乳糖为主,与人乳无法比。人乳中维生素的含量几乎都能满足婴儿的需要。人乳中维生素A明显高于牛乳,且初乳中的含量为成熟乳的2倍。人乳所含钙、磷比例为2∶1,易于吸收,故较少发生低钙血症;含锌较多,能促进小儿生长发育。人乳中矿物质含量低于牛乳,这更适合于婴儿的营养需要和代谢能力。人乳喂养的婴儿很少会有微量元素缺乏和过量的危险。

▲人乳更益智

婴儿期是脑发育的重要时期,1年内,宝宝的脑容量要增长1倍,达到成年人脑容量的60%。和身体器官一样,你给大脑补充的养分充足,它长得快、长得好。母乳中含有婴儿大脑细胞生长发育所必需的天然氨基酸、DHA、牛磺酸等重要物质,所以母乳是"最好的大脑食品"。此外,在哺乳过程中母亲的心跳、声音、气味和肌肤接触能促进婴儿脑细胞网络建立,有利于婴儿智力、心理与社会适应性的发育,促进婴儿早期智力开发。研究表明,与人工喂养相比,母乳喂养儿智力测试中成绩更好。

三、感官刺激可以提高孩子的智商

从胚胎期到 3 岁是脑发育的关键期,在此期间,神经细胞对内外环境的变化及各种刺激极为敏感。人靠各种感官功能从外界摄取信息供大脑加工、处理、储存,进而又不断促使大脑向更高级形式发展。在孩子某些感官功能发育的关键期,给予相应的刺激,以促进管理和指挥这个器官的脑细胞关联。

1. 视觉刺激

大脑的发育与视觉的发育是密不可分的,而信息摄取的 83% 来自视觉系统。有效的视觉刺激能极大地提升宝宝的视敏度,让宝宝更清晰、精确地接受外界的信息与刺激,从而进一步帮助智力潜能的开发,促进脑部发育,提升宝宝的智能发展指数。视觉的发育有赖于有效的视觉训练。利用更为完善的视觉功能和技巧,宝宝可以感知、接受、加工更多的信息,在大脑皮层形成更多的视觉记忆,从而促进大脑的开发,提升宝宝的智力水平。宝宝一出生就有视觉,在 0~1.5 岁视觉发育最快的关键期,经常给予孩子视觉刺激,让孩子多看一些色彩对比明显静物、人物、画册,给孩子美感;让孩子观看一些移动的物体,如水中鱼、笼中鸟、床头风铃、爸爸妈妈的走动,训练孩子的追视功能;经常变换居室环境,不断给孩子新的视觉震撼。

近年来的研究表明,利用视觉形象可大大提高孩子的注意力、记忆力及综合能力。孩子会把他见到的对象,清晰地印在脑子里,形成牢固的脑映象,类似于感光胶片。这种能力,成年人望尘莫及。这种脑映象能力对于早期教育具有极其重要的意义。

根据不同阶段宝宝视觉发育的特点,借助早教专家研究设计的视觉启智游戏,在父母的参与辅助下对宝宝进行视觉刺激,可以更好地开启宝宝的智力。

孩子看得越清楚,对周围的事物越留意,就能更多、更准确地接受外界的信息和刺激,这是帮助学习和大脑发育的重要基础。

父母要抓住孩子视觉敏感期加以培养和训练,为孩子今后视觉及各项能力的发展打下良好的基础。生活中的球、玩具、镜子、影子等都可以成为训练孩子视觉能力的用具。色彩鲜艳、画面形象生动有趣的图书,则为孩子在与外界的接触中提供了一种良性的视觉刺激,可以帮助孩子学习吸取符号化的信息。从9~10个月开始,新手爸妈就可以帮助孩子学习翻不容易撕坏的布书、木书,讲读故事,但避免时间过长。

2. 听觉刺激

孩子的听力潜能是巨大的。孩子听力的发展随着年龄的增长和刺激的丰富越来越敏锐,到21~24个月时,就能直接定位来自任何角度的声音了,这正是因为孩子处于感官敏感期,听觉系统飞速发育所致。

孩子脑部对所听到的东西如何进行处理和分配,会直接影响到孩子学习语言、运动、认知及社会交往的能力。父母要抓住孩子的听觉敏感期加以培养和训练,有意识地为孩子提供丰富的听觉环境,为孩子今后听觉及各项能力的发展打下良好的基础。多给孩子准备些拨浪鼓等带响的玩具,听力的开发需要丰富的刺激。

3. 位置觉(平衡)刺激

位置觉是不借助于视觉和触觉等感受,就能判断身体在空间中的位置以及身体各部分的相对位置,或诱发姿势反射的本体感受性感觉。其感受器分布在肌肉、肌腱、韧带和关节中。换句话说,位置觉就是闭上眼睛也能辨别身体的运动和位置变化的感觉。它在人的感知、言语、思维过程中,在各种动作技能(包括生产操作、体操、舞蹈等)的形成和运用中,都起着极其重要的作用。位置觉是仅次于视觉、听觉的感觉。位置觉与其他感觉结合起来,就会产生更协调、更优美的动作。随意运动离不开位置觉信息的反馈调节;各种操作动作的准确进行,都离不开位置觉的调节。例如头顶碗、手拿棒、脚踏油门一举一动都需要位置觉的配合。位置觉在体育、杂技、航空、航海事业中具有特殊的重要作用。

4. 触觉刺激

触觉是孩子认识世界的主要手段之一,而嘴唇和手是触觉最灵敏的地方。孩子通过吸吮感知手的存在,感知手的抓握功能,当他知道自己的小手能抓握东西之后,就会通过手把周围能抓到的物品都送进嘴里进行"检验",这个过程也促进和健全了口腔的功能。孩子用口唇来认识世界,直到手被完全唤醒,手的敏感期到来,又帮助和加快了口腔敏感期的发展。孩子就这样用嘴打开世界的大门,用嘴和这个世界建立亲密的关系,当他开始尝试用口和手进行探知时,他的世界就开始了。

这一时期的父母要耐住性子,允许孩子用口去探索他想要探究的物品。只有满足了孩子口腔的敏感期,才会在口腔敏感期结束后迎来手的敏感期,否则,口腔的敏感期会延长。

妈妈的手是孩子紧张、无助时最好的抚慰剂。可以利用换尿布、喂奶、洗澡的机会,轻轻拍、抚摸或是拥抱孩子,如果能经常按摩孩子的手指、手掌和手背,用力钩拉四指,使孩子手掌充分活动,则更能促进孩子的健康成长。父母还可以在给孩子洗澡的时候让他在水中玩玩具,这样可以促进孩子手眼协调能力的发展。

▲抚触是最好的触觉刺激

婴儿抚触作为一种崭新的育儿理念,正在被越来越多的人接受。人们越来越重视与孩子的交流,这种交流不仅体现在语言上,更体现在与孩子肌肤的亲密接触中。当妈妈的双手触摸孩子稚嫩的肌肤时,爱和关怀会通过手指传递,从而促进宝宝智力和体格的健康成长。

抚触是母子皮肤相互接触,是无声的、爱的交流,给新生儿带来生理和心理上的益处。

▲婴儿抚触的好处

★抚触能促进婴儿神经系统发育,提高智商,使宝宝变得更聪明。

★抚触可以刺激宝宝的淋巴系统,增强抵抗疾病的能力。

★抚触可以改善宝宝的消化系统功能,增进食欲。

★抚触可以平复宝宝的不安情绪,减少哭闹,使宝宝的适应能力提高。

★抚触可以改变睡眠规律,使宝宝有较长时间的深层睡眠,睡眠质量高,延长睡眠时间。

★抚触能促进父母和孩子之间的情感交流,使宝宝感受到家人的爱护和关怀,有更多的安全感。

★抚触能促进婴儿识别能力、运动能力和社会能力的成熟,使婴儿有更多的自信心。

▲抚触前的准备

★选择安静、清洁的房间,放一些柔和的音乐做背景。室温25℃左右。

★婴儿不宜太饱或太饿,抚触最好在婴儿沐浴后进行。抚触体位要舒适。

★准备好毛巾、尿布、替换的衣物、润肤油等。

▲抚触的步骤

(1)脸部(舒缓脸部):取适量婴儿油或婴儿润肤乳液,从前额中心处用双手拇指往外推压;接下来从眉头、眼窝、人中、下巴处,同样用双手拇指往外推压,画出一个微笑的"嘴巴"。

(2)胸部(顺畅呼吸、循环):双手放在两侧肋缘,操作者右手向上滑向婴儿右肩,复原。左手以同样方法进行。

(3)手部(增加灵活反应):将婴儿双手下垂,用一只手捏住其胳膊,从上臂到手腕轻轻挤捏,然后用手指按摩手腕。用同样的方法按摩另一只手。双手夹住小手臂,上下搓滚,并轻抬婴儿的手腕和小手。在确保手部不受伤的前提下,用拇指从手掌心按摩至手指。

(4)腹部(有助于肠胃活动):按顺时针方向按摩腹部,但是在脐痂未脱落前不要按摩该区域。用手指尖在婴儿腹部从操作者的左方向右按摩,操作者可能会感觉气泡在指下移动。可做"I LOVE YOU"亲情体验,用右手在婴儿的左腹由上往下画一个英文字母"I",再依操作者的方向由左至右画一个倒写的"L",最后由左至右画一个倒写的"U"。在做上述动作时要用关爱的语调说"我爱你",传递爱和关怀。

(5)腿部(增加运动协调功能):按摩婴儿的大腿、膝部、小腿,从大腿至踝部轻轻挤捏,然后按摩脚踝及足部。接下来双手夹住婴儿的小腿,上下搓滚,并轻抬婴儿的脚踝和脚掌。在确保脚踝不受伤害的前提下,用拇指从脚后跟按摩至脚趾。

(6)背部(舒缓背部肌肉):双手平放婴儿背部,从脊柱向两侧按摩,由上(颈部)向下(尾部),做三遍。

▲抚触的注意事项

(1)对新生儿每次抚触 15 分钟即可,一般每天进行 3 次抚触。要根据婴儿的需要,一旦感觉婴儿满足了即应停止。

(2)婴儿出牙时,面部抚触和亲吻可使其脸部肌肉放松。

(3)开始时要轻轻抚触,逐渐增加压力,好让婴儿慢慢适应起来。

(4)不要强迫婴儿保持固定姿势,如果婴儿哭了,先设法让他安静,然后才可继续。一旦婴儿哭得很厉害应停止抚触。

(5)不要让婴儿的眼睛接触润肤油。

5. 嗅觉与味觉刺激

孩子天生有着良好的嗅觉和味觉,且嗅觉越灵敏,对味道的辨别力越强。味觉很多时候都需要嗅觉的辅助,因此两者是密不可分的。味觉和嗅觉是孩子认识外界事物、探索世界奥秘的重要途径。

▲味觉

宝宝在出生第 2 天就有味觉能力,1 个月以内能辨别香、甜、柠檬汁和苦药片等不同味道。当把甜的液体放到宝宝嘴里时,他表现出很轻松、愉快的表情,并满意地吸吮起来,但对咸、酸或苦味液体则做出皱鼻子、噘嘴和不规则的呼吸等拒绝性的反应。4～5 个月的宝宝对味道的微小改变已经很敏感。宝宝在 6 个月至 1 岁这一阶段味觉发展最灵敏。所以孩子更喜欢吸吮和吞咽有甜味的东西,而对苦味、酸味、咸味的东西却不喜欢,更不会去吃。其实,这些与生俱来的反应对生存有重要的意义,因为对新生儿来说最理想的食物是略带甜味的母乳。因此,如果想马上顺利地更换宝宝的奶粉,只要准备比上一种奶粉口味偏甜一点的奶粉即可。

▲嗅觉

警察们经常利用警犬敏锐的嗅觉来侦破一些案件,而很多婴儿的嗅觉甚至比警犬还要灵敏。7 个月的婴儿开始能分辨出芳香的气味,但要很好地辨别各种气味,要到 2 岁左右。嗅觉灵敏的孩子,对各种味道有着敏锐的感知和辨别。新手爸妈可以让孩子闻生活用品的各种味道,可以尝试让孩子闻闻经常用的爽身粉、浴液、香皂等味道,并尝试和孩子一起描述闻到的味道。经常带孩子去户外感受花草树木的气味、泥土的芬芳、雨水的味道、河水的泥腥味等；带孩子到户外去，来自大自然的各种味道一定能给孩子的嗅觉以全面的冲击。

四、运动训练可以提高体商

1. 运动可以增强体质、提高体能

刚出生的新生儿只会哭；2个月会抬头；3个月会抬胸；4个月会翻身；5个月会伸手要东西；6个月会坐；7个月会滚；8个月会爬；9个月会爬起来；10个月会扶站；11个月会独站；12个月会走……宝宝3岁以前，动作能力发展很快。其实每一个动作飞跃，都伴随着智力的提升，所以，运动训练既可以促进动作发育提高体能，又可以促进智力发育提高智商。

2. 运动可以开发智力

很多家长偏重于智力开发，比较注重认字、画画等看得见的东西，而对运动益智却了解甚少，主要是因为人们对孩子运动价值的认识不足。其实，运动除了可以增强宝宝体质以外，对智力开发也大有裨益。以球类游戏为例，球类游戏的动作内容十分丰富，可做各种各样的变化。比如，滚球的动作，站着滚、蹲着滚、单手滚、双手滚、击滚、托滚等，共有20多种。拿球的动作，有侧握、正握等，这些对孩子的动作要求都不一样。另外，球本身还有不同的质感，这些不同所产生的感觉是不一样的。内感觉就是本体感觉，对孩子智力的发展非常重要，它的作用相当于一个中继站，可以提高思维的效率。

另外，运动本身不是单一的。比如，孩子玩球的时候，球本身有光滑的、粗糙的，大的、小的，有各种颜色的等，孩子可以认识形状、颜色；游戏中加入儿歌，让宝宝边玩球，边念儿歌，边表演，可以发展语言和节奏感等。

3. 运动可以带给孩子积极的情感体验

运动可以给孩子带来快乐，可以促进他们积极情绪和美好情感的发展。运动实际上可被认为是一种快乐教育。一项很简单的立定跳远，就能激发孩子的20多种情感。比如，孩子想跳，预备、起跳、腾空、落地……每个环节，都会有不同的情感发生。如果你给这项运动增加一些情景,比如让宝宝模仿小青蛙跳,这样就融入了对小动物的情感。而且,在运动中,每一种动作都在发生变化,孩子是很喜欢变化的,每一种变化都可以带给孩子喜悦感。毫不夸张地说,关于运动中的情感教育,就可以上一堂课。

4. 选择适合宝宝运动的功能操

0~3岁主要运动训练项目是功能操。功能操是根据小儿的年龄特点分阶段进行的。1岁以内,主要以游戏的形式训练小儿的感知觉,如视、听、触觉及动作的训练。1~3岁主要训练小儿的运动、语言功能以及注意力、观察力、生活自理能力。

▲0~6个月做婴儿被动操

第一节:准备运动

目的:消除肌肉、关节的僵硬状态,适应机体活动的需要,避免外伤。

预备:让小儿自然放松仰卧,操作者握住婴儿两手腕。

动作:"一、二、三、四",从手腕向上按摩4下至肩;"二、二、三、四",从脚踝按摩4下至大腿部;"三、二、三、四",自胸部按摩至腹部;"四、二、三、四",同第三个四拍。配合语言:小宝宝,全身放放松,现在开始做操了。

第二节:上肢运动

目的:活动肩部肌肉及关节。

预备:婴儿仰卧,两臂放体侧,操作者将双手拇指放在婴儿掌心,其他四指轻握婴儿双腕。

动作:①两臂左右分开侧平举,掌心向上;②两臂前伸,掌心相对;③两臂上举,掌心向上;④还原预备姿势。

第三节:扩胸运动

目的:活动肩、肘关节及上肢、胸部肌肉。

预备:同第一节。

动作:①两臂左右分开;②两臂胸前交叉;③两臂左右分开;④还原。

第四节:下肢运动

目的:活动膝、髋关节及下肢肌肉。

预备:婴儿仰卧,两腿伸直,操作者两手轻握婴儿脚腕。
动作:①双脚抬起与床面呈 45°;②左腿屈曲至腹部;③伸直。(右腿动作同左腿)

第五节 举腿运动
目的:活动髋关节及韧带。
预备:同第四节。
动作:①左腿上举与躯干呈直角;②还原;③右腿上举与躯干成直角;④还原。

第六节 抬头运动
目的:训练颈部肌肉,促进抬头。
预备:婴儿俯卧在床,操作者在婴儿身后两手扶婴儿双肘及前臂。
动作:"一、二",使婴儿上肢屈曲,两手位于胸下。"三、四",使婴儿头逐步抬起配合语言:"一、二",准备好。"三、四",抬起头。

第七节 翻身运动
目的:促进小儿翻身动作的发展。
预备:婴儿仰卧,双臂放于体侧,操作者手握婴儿两上臂。
动作:"一、二",操作者拉婴儿左上臂轻轻向右翻;"三、四",还原。(向左翻同向右翻)。

第八节 放松运动
目的:使自主神经系统由紧张状态恢复到安静时的水平。
预备:同第一节。
动作:①左臂上举 45°;②还原;③右臂上举呈 45°;④还原;⑤左腿上举与床面呈 45°;⑥还原;⑦右腿上举与床面呈 45°;⑧还原。

▲7~12 个月做婴儿主被动操

婴儿主被动操是婴儿体格锻炼的重要方式,能促进婴儿基本动作的发展。通过婴儿主被动操可以增强婴儿骨骼与肌肉的发育,促进新陈代谢;安定情绪,改善睡眠;增进亲子感情,促进智力发育;增强免疫力,预防疾病。婴儿主被动操是在成人协助下,自己用力完成每次动作,适于 7 个月以上 1 岁左右的婴儿。

注意事项:适宜的室温(25℃),安全的平台(床上或铺有毛毯、地垫的地板上)。最好裸体或着宽松轻便的单衣。宜在餐后1小时或大小便之后进行。每日1~2次,每次15分钟左右。随时注意婴儿的表情反应,时时与婴儿进行交流,包括说话和微笑。不要强求,最好在轻松、活泼的儿童音乐配合下进行。

第一节:起坐运动

预备姿势:宝宝仰卧,操作者双手握住宝宝双手,或用右手握住宝宝左手,左手按住宝宝双膝。

动作:第1、第2拍牵引宝宝从仰卧位起坐;第3、第4拍还原。重复共两个8拍。

注意:拉宝宝起坐时,如果宝宝不配合就不能过于用力。

第二节:起立运动

预备姿势:宝宝俯卧,操作者双手托住宝宝双臂或手腕。

动作:第1、第2拍牵引宝宝俯卧跪直、起立或直接站起;第3、第4拍还原。重复共两个8拍。

注意:扶宝宝站起要逐步让他们自己用力。

第三节:提脚运动

预备姿势:宝宝俯卧,两手放在胸前,两肘支撑身体。操作者双手握住其两足踝部。

动作:第1、第2拍轻轻抬起宝宝双腿,约30°;第3、第4拍还原。重复共两个8拍。

注意:动作轻柔缓和。

第四节:弯腰动作

预备姿势:宝宝背对着操作者站立,操作者扶着宝宝的双膝和腹部,在宝宝前方放一玩具。

动作:第1、第2拍让宝宝弯腰前倾,捡起桌上玩具;第3、第4拍直立还原。重复两个8拍。

注意:让宝宝自己完成,如果不能,操作者可把手移至胸前帮助宝宝完成。

第五节:托腰运动

预备姿势:宝宝仰卧。操作者一只手托住宝宝腰部,另一只手按住宝宝踝部。

动作:第1、第2拍托起宝宝腰部,使宝宝腹部挺起,成拱形,并鼓励孩子自己用力。第3、第4拍放下宝宝腰部,复原。重复共两个8拍。

注意:动作要缓和。

第六节:游泳运动

预备姿势:让宝宝俯卧,操作者双手托住宝宝胸腹部。

动作:悬空向前向后做来回摇摆动作,鼓励宝宝活动四肢,做游泳动作。重复共两个8拍。

注意:俯卧时宝宝的两臂自然放在胸前,使宝宝处于撑胸抬头姿势。

第七节:跳跃运动

预备姿势:宝宝与操作者面对面站立,操作者双手扶持宝宝腋下。

动作:扶起宝宝使足离开床或桌面,同时说"跳、落、跳、落",做跳跃运动,以足前掌接触床或桌面为宜。

注意:动作要轻快自然,让宝宝的脚尖着地。

第八节:扶走运动

预备姿势:宝宝站立,操作者站在他背后,双手扶住宝宝腋下;或操作者站在宝宝前面,手扶着宝宝前臂或手腕。

动作:扶着宝宝使其左右腿轮流向前跨出,学开步行走。

注意:场地要清洁平坦,让婴儿站稳后再鼓励他学走路。

▲13~18个月做幼儿辅助操

婴幼儿除了接受大自然恩赐进行水浴、空气浴、日光浴,进行各种锻炼以外,家长可在家中为孩子做功能操来锻炼身体。幼儿辅助操旨在活动全身关节韧带,锻炼全身肌肉,重点培养小儿行走、蹲下、倒退走、跳跃等动作以及平衡协调和自我控制的能力,适合于13~18个月的婴幼儿。这个年龄段小儿自控能力仍差,走路不稳,各种动作需要成人的辅助。

幼儿辅助操做法:

第一节:准备运动

目的:使全身肌肉放松,适应机体活动需要,避免外伤。

预备:操作者坐在小凳上,面对小儿,操作者双手轻握小儿双手,使小儿两臂自然下垂。

动作:使小儿左臂向前,右臂向后;使小儿左臂向后,右臂向前。

第二节:伸展运动

目的:活动肩关节及上肢、胸部肌肉。

预备:同第一节。

动作:带领小儿双臂侧平举;带领小儿双臂上举;还原到侧平举;还原到预备姿势。

第三节:体侧运动

目的:活动肩关节、脊椎和腰部肌肉、韧带。

预备:同第一节。

动作:带领小儿双臂侧平举,使小儿左手上举,同时上体向右屈,右手自然下垂;两手侧平举;还原至预备。(第2个四拍方向相反)

第四节:下蹲动作

目的:活动膝关节、加强腿部及腹部肌肉力量,训练小儿蹲下、站起。

预备:同第一节。

动作:使双臂侧平举;带领小儿下蹲,起立,还原。

第五节:划船运动

目的:活动肘关节、肩关节、胸及背部肌肉,锻炼平衡能力。

预备:同第一节。

动作:"一、二、三、四",带领小儿向前划;"二、二、三、四"带领小儿向后划。

第六节:前进后退运动

目的:活动腿部肌肉,训练小儿前走、后退及自我控制能力。

预备:操作者立位弯腰,双手轻握小儿双手,使其两臂向前伸平。

动作:"一、二、三、四",向前走;"二、二、三、四",向前走;"三、二、三、四",向后退;"四、二、三、四",向后退。

第七节:跳跃运动

目的:训练腿部力量,为双足并跳做准备。

预备:成人立位弯腰,双手托住小儿两侧腋下。

动作:将小儿轻轻托起后放下。

第八节:放松运动

目的:使小儿由紧张状态恢复到安静时的水平。

动作:同第一节。

▲19～36个月做幼儿模仿操

这个年龄的幼儿模仿性强,好学好动,对各种游戏、儿歌和体育活动有浓厚的兴趣,模仿操就是根据这个年龄儿童的特点来设计的。主要是配合简单的儿歌让小儿模仿做一些动作,如一些日常生活动作及跑、跳、平衡、弯腰等动作,具有强烈的游戏性和趣味性。模仿操比较容易掌握,在家中可以由成人编儿歌和动作让孩子做,在托儿所可利用晨间锻炼配合儿歌和音乐,还可组织小体育课,采用活动性游戏方式,如跑步、投掷沙包、滚球、立定跳远等。幼儿模仿操不但可训练小儿的各种动作,培养小儿的独立生活能力,同时还可发展小儿的想象力、思维能力和语言能力。

第一节:小闹钟

目的:放松全身肌肉,为全身活动做准备,发展小孩的想象力和语言能力。

动作:两腿叉开同肩宽,双足站稳不动,身体左右摇摆;随着摇摆的节奏,向左运动时嘴里喊"嘀",继而向右运动,嘴里喊"嗒"。

第二节:洗脸

目的:活动腕、肘、肩关节及上肢肌肉,逐步培养小儿生活和语言能力。

动作:"一、二、三、四",右手伸开五指并拢,在脸前上下洗4次;"二、二、三、四",右手按顺时针转动4次;"三、二、三、四",左手伸开五指并拢,在脸前上下洗4次;"四、二、三、四",左手按顺时针转动4次。配合语言:洗洗脸,洗洗脸。

第三节:刷牙

目的:活动肩、肘、腕关节及上肢肌肉,培养小儿刷牙意识,为2岁半后正确掌握刷牙方法做准备。

动作:"一、二、三、四",右手握拳,伸出食指,在嘴前方由上向下4次;"二、二、三、四",右手握拳,伸出食指,在嘴前方由下向上4次;

"三、二、三、四",左手握拳,伸出食指,在嘴前方由上向下4次;"四、二、三、四",左手握拳,伸出食指,在嘴前方由下向上4次。配合语言:刷刷牙,刷刷牙。

第四节:拉手风琴

目的:活动胸部肌肉,发展小儿想象力、思维能力和语言能力。

动作:两手握拳,两臂屈曲放于体侧,两手由胸前向体侧展开,每个音符展开一次。配合语言:1、2、3、4、5、6、7、8。

第五节:小鸭走路

目的:活动膝、髋关节及下肢肌肉,发展想象力、思维能力和语言能力。

动作:小儿两手放背后,抬头,腰微弯;"一、二、三、四",向前走;"二、二、三、四",向前走;"三、二、三、四",向后退;"四、二、三、四",向后退。配合语言:小鸭路走,嘎!嘎!嘎!

第六节:小鸟飞

目的:活动全身各部位肌肉,训练小儿动作的协调性及平衡能力,发展小儿想象力、思维能力和语言能力。

动作:两臂侧平举,上下摆动,向前跑。

第七节:小白兔跳

目的:训练小儿腿部力量,全身动作的协调性、平衡功能,发展小儿想象力、思维能力和语言能力。

动作:两手张开,掌心向前,放在头两侧做耳朵,双脚做跳的动作配合语言:小白兔,跳一跳。

第八节:小闹钟

目的:放松全身肌肉,使机体由紧张状态恢复到安静时的水平。

动作:同第一节。

五、语言、阅读训练可以提高语商

1. 说话训练

说是语言的开始,语言是交往的工具。对一个孩子来讲,及早掌握语言是很重要的。婴幼儿语言发育是一个连续的、有规律的过程。

一般来说语言发展分为三个阶段。

(1)发音阶段。孩子在6个月之前,当爸爸妈妈"啊""哦"地和他说话时,就会咿呀学语;爸爸妈妈逗引时,他会笑,有爽朗的笑声。

(2)语言理解阶段。孩子从7个月到1岁,可以理解简单的语言,如问他灯在哪儿呢,婴儿就会指灯或看灯。

(3)说话阶段。孩子1岁以后就开口说话了。1岁能说一个字,如"爸""妈""灯""碗"等;2岁进入一个语言蓬勃发展期,这时已经会说由3~4个字组成的词,知道常见物品的名称,很喜欢和成人学说话。

▲怎样才算语言发育得好呢

在咿呀学语阶段,能情绪愉快,积极发音;在理解语言阶段,能理解得多,理解得对;在会说话时,说话发音清楚,语言词汇丰富。

▲怎样训练婴幼儿的语言能力呢

(1)婴幼儿发音阶段,多"说"给孩子"听"。要创造一个能促使婴幼儿不断咿呀学语的愉快环境,以提高婴幼儿的发音质量。宝宝一出生先听爸爸妈妈说。新手爸妈目光对着宝宝,又说又笑,像是逗他玩,实际是对他说。爸爸笑着说,妈妈说着笑,总之爸爸妈妈要随时随地给孩子带去声音、带去高兴。爸爸妈妈的爱抚、语言和笑声,最能鼓励婴幼儿做出咿呀反应。孩子满3个月了,要经常抱孩子做户外活动,无论他听懂听不懂你在说话,也要边走边提醒他看到的每一件事物。每天重复。教孩子多认识与自己有关的事物,让他们能在看和听的同时,也能去接触。教孩子认识事物,是开发智力的基础。

(2)语言理解阶段,说话联系实际。要孩子理解语言,就要和小儿生活中的事物联系起来,就是干什么、说什么,帮他理解什么。比如吃饼干时,就告诉孩子:"等着妈妈给你拿饼干去。"拿着饼干时,妈妈还可强化一下,对婴儿说:"这是饼干,多好吃啊。"会说话时,也要本着做什么学什么的原则,教小儿说话。如吃饭时教小儿说"牛奶""白菜""张大嘴"等。睡觉时教小儿说"上床了""躺下""闭上眼"等。在玩时教给小儿玩具的名称、玩的方法,如"把皮球滚过来"。爸爸妈妈见啥说啥,不但给他说,还要教他说:如"爸爸""妈妈";不但让他说,还要带动作,如说"再见"的同时招招手。这样联系小儿的生活学说话,既形象又具体,由于重复多,每日每时都可起到对语言的强化作用。

(3)学习说话阶段,多给孩子鼓励。孩子刚学说话,往往说不清,说不准,爸爸妈妈不要有一点嫌孩子笨的急躁情绪,给孩子更多的鼓励。爸爸妈妈教小儿说话要趣味化、游戏化。如要孩子说"请"时,妈妈就可说:"汽车来接熊猫了,宁宁快说,请熊猫上车吧。"教孩子说"再见"时,妈妈说:"娃娃睡觉了,宁宁快说明天见或晚安。"用这样的方式孩子就容易学会。1岁以后,和孩子一起"看图说话",尽量每天都给孩子讲故事。讲完故事,让孩子回答故事里的问题或者复述故事里的部分内容等,慢慢地去锻炼他们的语言表达能力和理解能力。爸爸妈妈尽量多和孩子交谈,长时间的沉默会使孩子感到寂寞。

2. 阅读训练

婴幼儿时期是练习发音、说话的关键时期。要学发音、学说话,需要反复练习。阅读可以促进婴幼儿发音和说话能力的发展。孩子在反复阅读的训练中,既增加了发音的机会,又能促使准确发音。另外,婴幼儿时期的孩子,自立意识尚未形成,不知反抗,爸爸妈妈可以反复读一些儿歌、诗歌、寓言,读得烂熟,这样,文章中所用的语音、语调、词汇、句式、表达方式或多或少地会被孩子吸收,成为他们语言储备里的东西。阅读可以从孩子出生那一天开始。我们不要理会孩子会不会听懂,我们的目的不是学习语言,而是增加语言信号的刺激,这种刺激将有效促进孩子大脑的发育。大脑发育得越好,孩子的学习能力越强,孩子的学习效率就越高。这个时期的阅读是给孩子语言熏陶。小孩子天生喜欢重复,要给孩子大量的重复性输入,要"不厌其烦",不要担心孩子会厌烦,只要大人不嫌麻烦就行。教孩子阅读需要注意以下问题:

(1)最好在孩子入睡前读一些简短有趣的小故事,养成一个睡前讲或"读"故事的习惯。

(2)在孩子情绪饱满、精力旺盛的时候,选择简短、有趣、图文并茂的小故事,一边讲图,一边读字,既让孩子看,又让孩子听。随着年龄的增长,在给孩子念儿歌、诗歌的同时,一边让他看,一边让他听,一边让他跟着读。

(3)凡是孩子读物,字的间距要大、行距要宽、字体要足够大,让孩子看得到,看得清。

六、玩玩具、游戏可以提高情商

1. 儿童玩具有什么作用

大文豪鲁迅先生说过,玩具是儿童的天使。一件好的玩具就像一个翩翩而至的安琪儿(小天使),给孩子带来了欢乐,也点燃了孩子智力的火花。玩具对孩子的成长会起到一定的促进作用,如何根据不同的年龄特点选择合适的玩具,对于家长来说,还应当下一番功夫去琢磨一下。玩是孩子与外界沟通的桥梁,玩具是孩子的好伙伴。在玩的过程中,孩子不但可以发现自我、探索问题,也能满足他的好奇心,让他有机会表达自己对事物的看法及态度。现在很多家长都喜欢儿童益智玩具,那么,儿童益智玩具都有什么作用呢?我们应该怎样选购呢?下面我们就一起来分享一下。

(1)益智玩具可以作为感官训练的教具。

(2)益智玩具可以丰富儿童的想象力和创造力。这类智力玩具主要是各种积木玩具、插板、拼搭模型等。儿童通过动脑筋,用双手拼搭出各种汽车、火车、飞机等模型,对于丰富儿童的想象力和创造力,激发其聪明才智,是大有裨益的。

(3)有助于儿童学习知识。如"英文组字游戏",不但能帮助儿童学习英文字母,而且还能初识英文词组。

(4)训练儿童敏感能力。用块正方形、菱形、月牙形、六角形等各种几何形状的塑料块插入与图形一致的"益智盒"图形孔中;由2名儿童进行竞赛,看谁能在短时间内插入数量多,脑子反应快。经常玩耍此类游戏,既可训练儿童的敏感能力,又可锻炼智力,有益于孩子的身心健康。

(5)有利于培养儿童观察判断比较的能力。拼图玩具是培养儿童观察力和判断比较能力的主要智力玩具,能使儿童了解整体与局部、局部与局部之间的关系,这样使儿童对事物的认识向深度和广度前进了一大步。

2. 选购玩具有什么技巧

要根据孩子的年龄、性格、爱好来选购。可多选择塑料制的智力玩具,因为塑料色泽鲜艳、质地坚牢、表面光滑,玩脏了还可用肥皂水洗涤,而木质的受潮易变形,脏了又不能洗。智力玩具多是拼、搭、镶、嵌,因此在选购时,要特别注意各连接块之间的尺寸配合是否好,接、插、镶、嵌后是否牢固。

3. 怎样根据不同年龄选择玩具

▲新生儿的玩具

红球

用途:海绵状"红球",颜色鲜艳、大小适宜,可引起宝宝注视,用于视觉刺激。红球柔软,掉下来不至于砸疼宝宝;压在身体下面不致于硌伤宝宝。红球一捏就扁,宝宝抓得住,用作宝宝触觉刺激和抓握训练工具。

摇铃

用途:色彩鲜艳,宝宝喜欢看,可以作为视觉刺激工具;声音响亮,宝宝喜欢听,可以作为听觉刺激工具;摇铃柄,用于宝宝触觉刺激和抓握训练工具。

▲1个月孩子的玩具

黑白识图卡片

用途:1～3个月视觉训练和追视训练。

各种摇铃

用途:1～3个月寻声训练,4～6个月抓握训练,7～9个月逗引爬行训练,9～12个月逗引扶站训练。

毛绒玩具

用途:1～3个月触觉训练,4～6个月抓握和色彩识别训练。

积木

用途:1~3个月触觉训练,4~6个月抓握和色彩训练,7~9个月手刨、抓、捏训练,10~12个月积木对击训练。

摇摇马

用途:1~3个月触觉训练,4~6个月抓握训练。

▲3个月孩子的玩具

不倒翁

用途:3~6个月抓握训练,7~9个月拾物训练,10~12个月站蹲训练。

看图识字卡片

用途:3~6个月看图训练,7~9个月认图训练,10~12个月看图说话训练。

▲6个月孩子的玩具

球类玩具

用途:6~9个月爬行训练,10~12个月踢球训练,1~3岁扔球、追球训练。

带盖的杯子

用途:7~9个月藏物训练,10~12个月开、合盖子训练。

▲9个月孩子的玩具

动物玩具

用途:触摸不同质地的玩具,增加触觉刺激;教宝宝认识各种动物,如小狗、小鸡、小兔子等。

布娃娃和小动物

用途:触摸不同质地的玩具,增加触觉刺激;教宝宝认识人体器官,如鼻子、眼睛、胳膊、腿等。

▲1岁孩子的玩具

套塔/套杯

用途:把套塔/套杯按照大小套上去,锻炼宝宝的手眼协调能力,了解大小概念和因果关系。

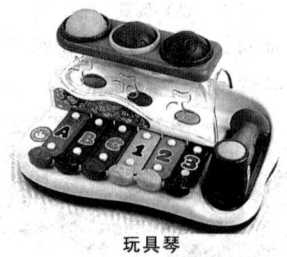

玩具琴

用途:按下琴键,发出音乐。不同琴键,发出不同的音乐。既可满足宝宝动手的需要,又能训练宝宝的听觉,增强手、眼、耳的协调能力。

▲1岁半孩子的玩具

几何智力板

用途:了解不同形状、不同颜色的智力板,插装智力板,可以增强宝宝精细动作的能力。

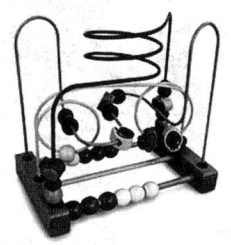

智力绕珠

用途:增强小儿动手的能力。

▲2岁孩子的玩具

儿童四轮自行车

用途:学习骑车,锻炼身体的协调能力和腿部力量;学习前进、后退、转弯等技巧;训练对身体的控制能力;认识方向。

串珠

用途:串成项链,增加双手协调、精细操作能力;帮助孩子认识颜色、形状。

橡皮泥

用途:橡皮泥五颜六色,增强宝宝认识颜色的能力。宝宝可以发挥想象力,动手随意捏出各种形状和物品。

拼插玩具

用途：用插片、积塑拼装图形，既可以增强宝宝手的力量，又有助于培养宝宝的想象力。

劳动工具

用途：宝宝用这些玩具可以玩水、玩土、玩沙。

▲2岁半孩子的玩具

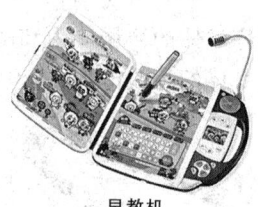
早教机

用途：触摸式操作，孩子易于掌握；图文并茂界面，可以激发孩子的学习热情。"讲故事""背唐诗""做游戏"等包装丰富的软件更为孩子们提供了一个知识的宝库，轻轻松松地达到早期智力开发的目的。

玩具电话

用途：孩子在玩玩具电话的过程中，可学会打电话的基本技能和文明用语。

玩具车

用途:孩子在玩电动玩具的过程中,可了解警车的警笛声、老虎的吼叫声等。他们还能亲手拆换电动玩具上的电池,初步了解电能产生光、热、声、力的性能。

拖拉玩具

用途:孩子拉着会走动的"动物",这会让他们着迷。玩具在地上边走边发出动作或声音,可以增进宝宝走路的兴趣,使他心情愉快,走起路来也十分高兴。拖拉玩具还可以训练手部及腿部动作,提高动作的灵敏性、协调性。

▲3岁孩子的玩具

儿童三轮车

用途：训练孩子身体平衡能力和手、眼、腿协调能力。

积木

用途：3岁以上，准备难度大一点的积木，培养孩子开、合、拆、装等操作能力；让孩子运用双手，充分发挥想象力和创造力。

拼图玩具

用途：增加孩子动手、动脑能力，锻炼孩子的思维能力和想象力。

4. 贪玩的"老鼠"脑子好

生物心理学家马克·罗森茨威格用老鼠做实验,他专门选了一批遗传素质一致的老鼠(一窝的老鼠),随机分成三组。第一组3只老鼠被关在铁笼子里一起喂养,空间足够大,总有适量的水和食物,此为"标准环境"。第二组老鼠被单个隔离起来,处在三面不透明的笼子里,光线昏暗,几乎没有刺激,此为"贫乏环境"。第三组十几只老鼠一起关在一个大而宽敞、光线充足、设备齐全的笼子里,内有秋千、滑梯、木梯、小桥及各种"玩具",此为"丰富环境"。这三组老鼠分别经过几个月的环境熏陶后,马克·罗森茨威格发现处于"丰富环境"中的老鼠最"贪玩",处于"贫乏环境"中的老鼠最"老实"。之后他们将老鼠的大脑摘出解剖,进行分析,结果发现三组老鼠在大脑皮层厚度、脑皮层蛋白质含量、脑皮层与大脑的比重、脑细胞的大小、神经纤维、神经胶质细胞的数量等方面,都存在着明显的差异。"丰富环境"组的老鼠优势最为显著,而"贫乏环境"组的老鼠最劣势。有关两组老鼠大脑的神经突触发现,在"丰富环境"的老鼠,比在"贫乏环境"的老鼠,神经突触多50%。实验揭示:环境越丰富,玩耍得越充分,大脑的发育就越好。大脑构造及化学成分的很多方面可以被环境经验改变。

5. 善玩的孩子更聪明

让孩子玩耍不但满足了他的个性,而且也激发了他的求知欲、好奇心和探索精神。玩既动手又动脑。鼓励宝宝和小伙伴或家长一起玩,既获得知识和体验,又发挥了社交能力。善玩的孩子聪明、伶俐、乐观、愉快、朝气蓬勃,有幽默感,乐于与人交往,富于幻想,勇敢大胆,具有强烈的自我发展倾向等。

▲玩具是最好的老师

是孩子都喜欢玩具,玩具不仅可增加生活情趣、增长知识、增强能力,而且有助于宝宝个性的发展。选择玩具就是选择老师。

父母针对宝宝的个性特点,有目的地选择玩具,对宝宝个性的发展会有积极作用。

(1)好动、坐立不安的宝宝。家长可以选择一些静态的智力玩具,像积木和插塑玩具,让宝宝能较长时间地集中注意力,学会控制物体,进而能控制自己的行动,使好动的个性有所修正。

(2)沉默寡言、性格孤僻的宝宝。家长可以选择动态玩具,如回力汽车和声控玩具,让宝宝在追逐汽车、飞机、坦克、皮球的过程中,产生愉快和自信的感觉,逐渐形成活泼、开朗的个性。

(3)粗枝大叶、性情急躁的宝宝。家长可以选择制作性玩具,如折纸、橡皮泥、纸模玩具,让宝宝在制作过程中,认识事物之间的关系,养成学习的习惯。

(4)不合群、不愿和别人交往的宝宝。家长可以选择参与性玩具,如过家家、水上玩具,或让宝宝参加集体游戏,使宝宝逐渐了解自己和他人之间的关系。

(5)不同年龄的宝宝宜选不同的玩具。父母首先要根据宝宝的年龄选择适合的玩具,太早或太晚都是白费功夫。

新生宝宝最好选择安全、颜色鲜艳、声音悦耳、外形美观的玩具;玩具对新生宝宝而言,并不在于玩,而是对其提供视觉、听觉、触觉等刺激。新生宝宝可以通过眼睛看玩具的颜色、形状,用耳朵听玩具发出的声音,用四肢触摸玩具的软硬,向大脑输送各种刺激,促进脑功能的发育。1~2岁的宝宝要选择安全、不怕摔的玩具。很多家长会发觉这时宝宝所谓的"玩"玩具,其实就是把玩具从篮子或柜子里统统倒出来,放得满地都是,这就算玩完了,而且还不负责收拾归位。宝宝还是个破坏高手,这只小熊没有眼睛,那只小狗没鼻子,钓鱼玩具组合只剩鱼箱,鱼和钓竿已不知去向了……其实宝宝没什么不对,因为小孩子就是这样玩的。例如,三四个月大的宝宝,可能一条小手帕就让他玩得很高兴了,对玩具、电话可就没兴趣了;钢琴玩具对1岁的宝宝来说,是拿起来摔的好东西,可是拿给一个3岁的宝宝,他可以边弹边唱,虽然不成调,但是乐趣无穷。所以我们给1岁孩子准备耐摔打的玩具,给3岁孩子准备可操作、有趣味的玩具。给0~3岁的孩子选择大个头玩具,不宜塞入口中,以免误吸。

游戏结束后,父母要督促宝宝把玩具收拾整理好,以养成良好的归位习惯,这对于宝宝良好学习品质的形成有直接的作用。

6. 游戏可以提高情商

游戏是婴幼儿最喜爱的活动,游戏又是交往、合作的最好方式。

有交往就会有感情,有合作就会有分享,所以游戏也是提高情商的重要平台。家长要为孩子创造条件和氛围,让孩子和同伴或家长一起玩游戏。游戏前先明确规则、目的和要求,使孩子体验那种有规则、有成败的游戏乐趣。比如扮角色、分玩具、比贡献、扮工人、贡献汽车……游戏时,家长要告诉孩子不要争,不要抢,要学会玩和谦让,孩子这样做了,其他小朋友也会这样做,时间长了,同伴就会建立起一种和谐、亲密的关系。再如,家长和孩子共同玩角色游戏时,家长扮客人或主人,在敲门中使孩子懂得怎样接待人。一个细微的举止,一句"您好、请、谢谢、对不起、再见……"既发展了口语表达能力,又使孩子学会了合作,增加了社会交往的经验。

对于儿童来说,游戏就是生活,这是儿童身心发展不可缺少的行为,也是认识自然的规律和人与人之间关系的基本途径。孩子确实终日生活在游戏之中,但如果对此不管不问,放任自流,孩子的能力就不会得到充分的发展。因此,正确的做法应该是把学习和游戏融为一体,在引导孩子进行学习时,我们要注意:第一,不能强迫。所谓游戏,就是觉得欢乐而有趣的、生动活泼的自发性活动。被强迫做的事,不会带来欢乐,这就不是游戏,对他的发展也不会有益。第二,要和孩子同欢乐。孩子在进行学习游戏时,会由衷地感到欢畅,这时教育者要和孩子一起欢乐,并且把愉悦的情绪表现在行动中,创造出使孩子愿意继续游戏下去的氛围。第三,当孩子玩得好时,大人要表现出惊奇、欢乐的神态,并予以鼓励。孩子受到鼓励会情绪倍增、热情高涨,把十分的能力发挥到十二分。第四,一旦孩子的兴趣转移了,绝不要勉强他们继续做。因为孩子注意力集中的时间很短,学习游戏每天每次应以 15 分钟为限。孩子兴趣转移了,就说明他厌烦了,勉强是无益有害的。第五,正确的答案绝不要轻易告诉孩子,应该激发,诱导他反复思考,自己去寻找答案。当然,必要的提示还是应该的。最后不要忘记孩子发展上的个别差异。当孩子感到困惑时,不要急于求成,不要丧失信心;当孩子表现出某种突出的才能时,则要大胆引导,加大学习的难度,让这种才能尽快发展起来。